普通高等教育教材

无机与分析化学课程思政设计与实践

WUJI YU FENXI HUAXUE KECHENG
SIZHENG SHEJI YU SHIJIAN

黄薇 戎红仁 主编

化学工业出版社

·北京·

内容简介

《无机与分析化学课程思政设计与实践》立足于新工科建设背景下无机与分析化学的课程特点，按照课程教学的实施过程，遵循教育教学和学生成长规律，精选和设计了 16 个无机与分析化学相关思政教学案例。通过将爱国主义、科学精神、社会责任、生态文明等思政元素有机融入专业教学，致力于培养兼具扎实化学素养和家国情怀的新工科人才。

本书对于从事无机与分析化学、无机化学、普通化学、大学化学等课程教学一线的老师具有操作性和参考性。

图书在版编目（CIP）数据

无机与分析化学课程思政设计与实践／黄薇，戎红仁主编. — 北京：化学工业出版社，2024. 11.
（普通高等教育教材）. — ISBN 978-7-122-47005-8

Ⅰ. O6；G641

中国国家版本馆 CIP 数据核字第 2024D35A59 号

责任编辑：汪　靓　宋林青　　　文字编辑：武一帆
责任校对：张茜越　　　　　　　装帧设计：史利平

出版发行：化学工业出版社
　　　　　（北京市东城区青年湖南街 13 号　邮政编码 100011）
印　　装：大厂回族自治县聚鑫印刷有限责任公司
710mm×1000mm　1/16　印张 10¼　字数 180 千字
2024 年 12 月北京第 1 版第 1 次印刷

购书咨询：010-64518888　　　售后服务：010-64518899
网　　址：http://www.cip.com.cn
凡购买本书，如有缺损质量问题，本社销售中心负责调换。

定　　价：48.00 元　　　　　版权所有　违者必究

《无机与分析化学课程思政设计与实践》
编写人员名单

主　　编：黄　薇　戎红仁
副 主 编：柳　娜　吴大雨
编写人员：黄　薇　戎红仁　柳　娜　吴大雨
　　　　　孙　浩　贾　倩　李卓飞　李志春
　　　　　马　骁

序 言

　　教育自古以来就承载着培养国家栋梁、塑造社会精神的重任。孔子曾言："德不孤，必有邻。"中国传统文化中也有"大学之道，在明明德"的说法，这些都体现出古人对德育的崇高追求。立德树人，教育不仅是知识的传授，更是灵魂的塑造、人格的完善。在新时代，立德树人不仅关乎个人的成长，也关乎国家和民族的命运。党的十八大报告指出"把立德树人作为教育的根本任务"，高等教育应以培养"立大志、明大德、成大才、担大任"的人才为目标，将专业教育与道德养成融为一体，培养出具有家国情怀、社会担当的时代新人。如何对青年学生进行立德树人教育，是新时代党和国家对教育提出的新要求，这一命题不仅关乎学生的全面发展，更关乎国家的长治久安，具有重要而深远的意义。

　　课程思政以培养学生的道德修养和社会责任感为核心，促使学生在学业精进的同时，形成正确的世界观、人生观和价值观。它不仅是一种教学理念的创新，更是教育内涵的升华，已经成为实现育人和育才统一的重要手段。

　　课程思政这种教育方式强调从专业知识的内在逻辑出发，提炼出思想政治教育的核心元素，让学生在学习专业技能的同时，受到德育的熏陶和引导。课程思政的成功实施，不仅依赖于巧妙的课程设计与丰富的教学内容，更取决于教师个人能力与素质的提升。教师作为课程思政的实施者和引导者，要具备丰富的专业知识；拥有敏锐的思想政治觉悟和深厚的文化修养；能够灵活地渗透德育元素，在知识传授和德育引领上取得平衡；扮演着育人者和知识传授者的双重角色。课程思政要求教师对国家政策、社会问题、道德伦理等有深刻的理解和认同，并能够将这些思想有效地融入教学中；要求教师具备全球视野，引导学生认识到中国在世界格局中的地位与责任；要求教师具备多学科的知识背景与跨学科的教学能力。例如，教师在教授工程类、自然科学类课程时，既要精通专业知识，又要能够将伦理、社会责任等内容与专业内容相结合，这对教师的知识结构提出了更高的要求。

　　常州大学深入学习贯彻总书记习近平关于教育的重要论述，全面落实全国教育大会和全国高校思想政治工作会议精神，积极响应国家政策，扎实推进课程思政改革，将思想政治教育融入各类专业课程教学之中。学校注重顶层设计，全面推进课程思政教学体系，为此出台《常州大学推进课程思政建设实施方案》，成立课程思政建设工作领导小组，建立课程思政教学研究中心，构建"全专业推进、全过程贯穿、全课程融入、全方位保障"的课程思政教学体系。在专业思政框架下深化课程思政建设，构建专业育人目标与课程育人目标的支撑、映射关系，形成专业课程思政矩阵。

无机与分析化学课程虽然专注于物质的组成、结构和性质，但其背后蕴含着丰富的育人价值与思政教育资源。例如，化学反应中的平衡状态，可以引申为人生的平衡与取舍；实验中对精确性与严谨性的要求，可以培养学生的科学态度和实事求是的精神；环境中的重金属离子处理，能够帮助学生树立起保护生态环境、推动绿色发展的理念，并在未来的科研和工作中践行可持续发展的原则；等等。《无机与分析化学课程思政设计与实践》通过对这些核心内容的深度挖掘，将科学知识与思想政治教育相结合，书中案例不仅仅是对知识点的讲解，更是通过典型的化学现象引发学生思考，从而将爱国主义、社会责任感、创新精神等社会主义核心价值观自然地融入教学中。

我们相信，随着课程思政的深入推进，高校将不断培养出具有家国情怀、社会责任感和创新精神的高素质创新型人才，为中华民族伟大复兴和社会的可持续发展贡献智慧与力量。

教授，博士生导师

前 言

　　无机与分析化学是化学、化工、材料、环境、生物、医药等领域的专业基础课程，该课程在夯实学生化学理论基础的同时，肩负着培养科学思维、实践能力和创新精神的重要使命。多年来，教研室始终高度重视课程思政建设，积极探索在无机与分析化学教学中融入思想政治教育，使专业教育与价值引领同频共振。随着高等教育"课程思政"改革的深入推进，我们进一步优化教学设计，力求在知识传授、能力培养的过程中，引导学生树立正确的世界观、人生观和价值观，实现立德树人的根本目标。

　　本书立足于新工科建设背景下无机与分析化学的课程特点，精选和设计了一系列思政教学案例。通过将爱国主义、科学精神、社会责任、生态文明等思政元素有机融入专业教学，致力于培养兼具扎实化学素养和家国情怀的新工科人才。

　　本书具有以下特色：

　　（1）强化科技前沿与思政育人深度融合。本书精选国内外最新科研进展，重点展现中国科技工作者在新能源材料、环境监测等领域的成果，将科技创新与国家"双碳"目标等重大需求有机衔接，使学生在掌握专业知识的同时，自然生发科技报国的使命意识与创新自信。

　　（2）注重化学史的融入。在案例编写过程中，我们不仅关注科学知识本身，更注重呈现科学发现的背景与发展脉络。在酸碱理论中梳理了从阿伦尼乌斯电离理论、布朗斯特-劳里质子理论、路易斯电子理论，到皮尔孙软硬酸碱理论及富兰克林酸碱溶剂理论的完整演进过程；在氢键研究方面，呈现了从提出氢键概念，到应用现代先进表征技术实现氢键可视化研究的百年探索历程。这些内容既展现了化学学科发展的历史轨迹，又通过科学家的探索故事和思维方法，充分体现了化学史在培养学生科学素养和人文精神方面的独特价值。

　　（3）突出教学实用性。每个教学案例均包含思政元素融入方案（含思政元素融入简表和详细分析）、教学目标与内容分析（明确知识目标、能力目标和价值目标，细化教学内容、重点及难点）、教学设计与过程（含完整的教学过程设计、多元化教学策略及效果评估方法）、拓展应用资源（包括课外思考题、教学策略及教学效果分析）。这种设计为教师提供了"拿来即用"的教学资源包，提升了课堂教学的实操性和推广价值。

本书由长期从事无机与分析化学教学及课程思政研究的一线教师团队合作完成，常州大学黄薇、戎红仁担任主编并统稿。本书的出版得到了化学工业出版社的大力支持，特别受益于责任编辑认真细致的编辑工作，在此表示衷心的感谢。书中引用了较多书籍、研究论文的成果，在此对所有作者一并表示诚挚的谢意。

鉴于编者水平有限，书中难免存在不妥之处，恳请同行和读者批评指正，以便在后续修订中不断完善，共同推动课程思政建设的高质量发展。

黄薇

2024 年 10 月

目 录

根深基础稳，梦远星空明
——以晶体场理论教学为例

黄薇

○ **教学内容** 晶体场理论

○ **课程性质** 专业基础必修课程

○ **专　　业** 化学、化工及材料、药学等近源专业

○ **授课对象** 大学一年级学生

○ **本节内容思政元素融入简表**

章节	知识点	德育目标及德融教学概述	实现形式
第 9 章 第 2 节	晶体场理论	晶体场理论→自旋交叉现象→联系前沿基础研究，激发学习兴趣，使学生认识到厚基础的重要性，培养科学精神	混合课堂☑ 思维导图☑

○ **本节内容蕴含的思政元素分析**

在完成晶体场理论基础知识的学习后，结合本节课内容引导学生理解化学前沿概念——"自旋交叉"，了解自旋交叉这一现象产生的原因和实现的路径，并且让学生深刻感受到只有"脚踏实地"打好基础，才能"仰望星空"做好研究，培养学生认真求实、勇于探索的科学精神，激发学生对学科、专业的热爱。

大一新生的化学基础呈现出明显的两极分化态势。一部分学生参与过化学竞赛，具备扎实的基础，他们可能会觉得无机与分析化学这门课程内容相对简单，因此对这门课程不够重视。然而，考试结果往往出人意料，这些同学未能通过考试。另一部分学生则是因为中学化学基础较弱，难以适应大学化学的学习节奏，特别是在物质结构部分，他们往往感到困难重重，甚至产生逃避学习的情绪。将这些教学内容与"自旋交叉"现象相结合，不仅能够激发学生对化学的学习热情，还能让他们意识到，基础知识的扎实程度对于理解更复杂的概念至关重要。确实，

这是一个不容忽视的事实，越是基础越需要夯实。

我们从课题组的研究工作入手，通过一例铁（Ⅱ）的自旋交叉配合物（杂自旋结构和自旋转变与磁相互作用的协同性），如图 1-1 所示，引导学生理解：对于 $d^4 \sim d^7$ 电子组态的过渡金属离子，在八面体场中，电子可以是低自旋（low spin，LS）排布或高自旋（high spin，HS）排布。八面体场分裂能是 Δ，电子成对能是 P。通过对 Δ 与 P 进行比较分析，引出自旋交叉现象。自旋交叉导致的双稳态转换可以按需重复且不会产生疲劳效应，因此，它是理想的电子器件制备材料。如今，分子级别电子器件的研究已成为物理、化学和材料科学领域的重要前沿交叉研究方向。

进一步探讨，物理刺激影响分子自旋状态这一现象揭示了分子开关作为一种电子器件，其状态能够随着外部环境的变化而调整。这不禁让人联想到人类自身的进化历程，从原始时代到现代文明，人类之所以能成为地球上最高智慧生物，很大程度上是因为我们具备了在面对变化压力时调整应对策略、主动适应环境的能力。那么，当未来社会发生变革，我们每个人都可能面临知识更新迅速、就业形势严峻、工作要求提升等挑战，应该如何应对呢？如何在这样的环境中保持内心的平静和积极呢？

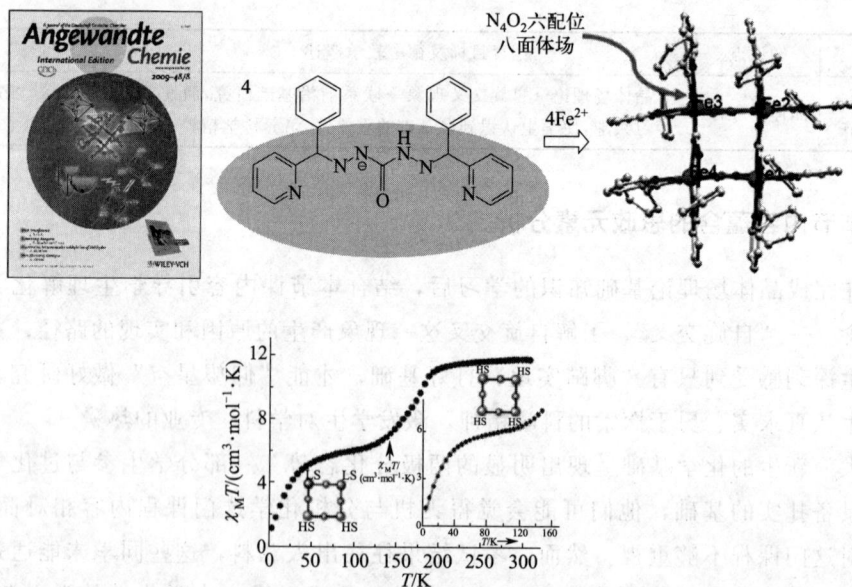

图 1-1　一例铁（Ⅱ）的自旋交叉配合物（杂自旋结构和自旋转变与磁相互作用的协同性）

在面对环境变化时，适应能力至关重要，因为这能帮助我们跟上时代的步伐，避免被淘汰。在毕业求职阶段，部分学生可能会对薪资待遇和工作环境设定较高的标准，这可能会使他们在求职过程中遇到困难。对此，我们建议学生先尝试进入职场，积累实际工作经验，再根据自身情况逐步调整职业方向。同样，对于考研的学生，如果在追求名校的目标上花费了很长时间但未能如愿，不妨考虑接受调剂到其他学校，合理评估当前形势并灵活调整策略。通过这些方式，能够更好地适应变化，找到适合自己的发展路径。

另外，个人发展与国家战略和工作单位的发展方向紧密相连，只有与之同步前进，才能确保有一个光明的未来。我们应该认识到，个人的成功不仅仅取决于个人的努力，还与所处的环境和时代背景紧密相关。因此，我们需要不断学习，提升自己，以适应不断变化的环境，抓住每一个可能的机遇。

▶ 教案设计

一、教学目标

（一）知识目标

1. 掌握晶体场理论的基本概念，理解晶体场理论的基本要点。

2. 理解在八面体配位几何构型下，配合物中金属离子 d 轨道能级分裂现象。

3. 掌握计算晶体场稳定化能（CFSE）的基本方法，理解如何通过考虑电子在高能轨道和低能轨道上的分布来计算 CFSE。

（二）能力目标

1. 能够根据配合物几何构型和中心金属离子电子构型计算出 CFSE。

2. 能够应用晶体场理论知识解释配合物的磁性、颜色和自旋状态等性质，认识到不同过渡金属离子和配体场强度对 CFSE 的影响。

3. 能够初步分析、评估、选择合适的金属离子和配体来调整配合物的 CFSE 从而调控其性质。

（三）价值目标

1. 培养科学精神：借助"晶体场理论"这一基础理论，结合配位化学的前沿课题"自旋交叉配合物"，引导学生运用所学知识探索科学问题，以此激发他们的学习兴趣。同时，让学生深刻理解，扎实的基础知识对于追求科学研究的深远意义，即"脚踏实地"与"仰望星空"的相辅相成。

2. 激发创新意识：在理解和应用晶体场理论时，鼓励学生提出创新性的问题或思路，激发他们在材料科学和化学研究中开拓新方法、解决实际问题的能力。

3. 倡导团队合作：通过小组讨论和课题研究，培养学生的团队合作能力，鼓励他们在合作中相互学习，取长补短，共同完成学习任务。

4. 发展跨学科思维：结合新工科的教学理念，鼓励学生将晶体场理论与物理学、材料科学等其他学科的知识结合起来，培养跨学科思维能力，提升综合解决问题的能力。

二、教学内容分析

（一）教学内容

1. 晶体场理论基本概念。
2. 八面体场 d 轨道能级分裂。
3. 晶体场稳定化能。
4. 晶体场理论的应用。
5. 案例分析与实际应用。

（二）教学重点

1. d 轨道的分裂原理：重点讲解金属离子在八面体场配合物中的 d 轨道能级分裂模式。

2. 晶体场稳定化能（CFSE）：重点介绍如何计算 CFSE，以及 CFSE 在决定配合物的稳定性、磁性和光谱性质中的作用。

3. 高自旋与低自旋配合物：强调高自旋和低自旋状态的概念及其对配合物磁性和颜色的影响。需要学生理解电子在强场和弱场配体作用下不同的填充情况，以及电子的不同自旋排布方式如何影响配合物的性质。

4. 晶体场理论的实际应用：重点讨论晶体场理论在解释配合物的颜色、磁性中的应用。需要学生能够运用理论知识初步解释实际化学现象和实验结果。

（三）教学难点

1. d 轨道分裂的空间图像理解：学生需要具备一定的空间想象力来理解 d 轨道在八面体场下的分裂过程及其空间分布，理解 d 轨道的方向性与能量变化。

2. 高自旋与低自旋状态的判断：需要学生在面对不同的配体场强度和配体时准确判断金属中心的高自旋和低自旋状态。

3. 理论与实际应用的结合：需要学生具备较深的理解和灵活应用能力，将理论与实践结合，能够将晶体场理论应用于解释具体的实验现象或解决实际问题。

（四）教学设计

课堂环节	时间	教师活动	学生活动	教材教具
导入/暖身 bridge-in	3分钟	利用慕课堂完成课前测：请以$[Ni(NH_3)_4]^{2+}$配离子和$[Ni(CN)_4]^{2-}$配离子为例，说说磁矩、杂化类型、配离子空间构型、内轨型杂化、外轨型杂化之间的联系	观看PPT，慕课堂平台提交答案，学生讲授	手机、电脑、投影仪、翻页笔
学习目标 objectives	2分钟	通过对价键理论进行简单的评价引出解决问题的新理论——晶体场理论，并道出这次课的学习目标	倾听、思考	电脑、投影仪、翻页笔
参与式学习 participatory learning	8分钟	引导学生思考、倾听学生发言（4分钟）拍照；教师总结：对知识点进行逻辑梳理，引出分裂能的概念（4分钟）	慕课堂随机点名，请两位同学分别讲授在球形对称的负电场和八面体对称的负电场中d轨道的分裂情况	电脑、投影仪、翻页笔
	5分钟	结合表格数据，引导学生总结影响分裂能的因素（倾听、拍照、鼓励），教师重点总结配体场强因素"光谱化学序列"（讲授）	"慕课堂答题＋自由发言"引导学生总结影响分裂能的因素	手机、电脑、投影仪、翻页笔
	8分钟	引导学生思考分裂能与成对能的大小对d电子排布方式的影响（4分钟）。板书、拍照、教师总结（4分钟）（突出分裂能与成对能的大小关系，为内容提升"自旋交叉化合物"做好铺垫）	教师问，学生答，师生讨论d轨道上电子排布方式	电脑、投影仪、翻页笔
	4分钟	讲授：以$[Co(CN)_6]^{3-}$配离子和$[CoF_6]^{3-}$配离子为例，阐述强场低自旋、弱场高自旋的概念并引出晶体场稳定化能	参与交流	电脑、投影仪、翻页笔
	4分钟	观看、倾听、评价、总结	慕课堂随机点名，学生应用晶体场理论解释配合物的磁性	电脑、投影仪、翻页笔
	4分钟	观看、倾听、评价、总结	慕课堂随机点名，学生应用晶体场理论解释配合物的颜色	电脑、投影仪、翻页笔
	5分钟	讲授：结合本节课所学知识引导学生理解"自旋交叉化合物"	倾听、思考、讨论	电脑、投影仪、翻页笔
课堂小结 summary	2分钟	总结本节课程内容，"脚踏实地"打基础、"仰望星空"做研究。应用中国大学慕课（MOOC）平台布置课后讨论	思考、讨论、理解	电脑、投影仪、翻页笔

（五）教学过程

1. 导入

鲍林等人在 20 世纪 30 年代提出杂化轨道理论，并将其应用于配位单元的结构与成键研究，可以解释配合物的几何构型与磁性。请同学根据所学的杂化轨道理论完成慕课堂中的课前测：以$[Ni(NH_3)_4]^{2+}$配离子和$[Ni(CN)_4]^{2-}$配离子为例，说说磁矩、杂化类型、配离子空间构型、内轨型杂化、外轨型杂化之间的联系。

价键理论简单明了，但是它忽略了配体对形成体的影响，也不能定量说明配离子的稳定性受中心离子的 d 电子数影响，价键理论也不能充分解释配离子的吸收光谱和特定色彩这些激发态特性，如图 1-2 所示。在科学发展的历程中，正是这些尚未解决的问题与现有理论的冲突，成为推动科学进步的关键动力。本节课将深入探讨晶体场理论，以期解答这些疑问。学生需要理解晶体场理论的核心内容，包括中心离子 d 轨道的能级分裂现象；掌握分裂能如何影响中心金属离子 d 电子的排布；能够运用这一理论来解析配合物的磁性、颜色以及自旋状态等特性。

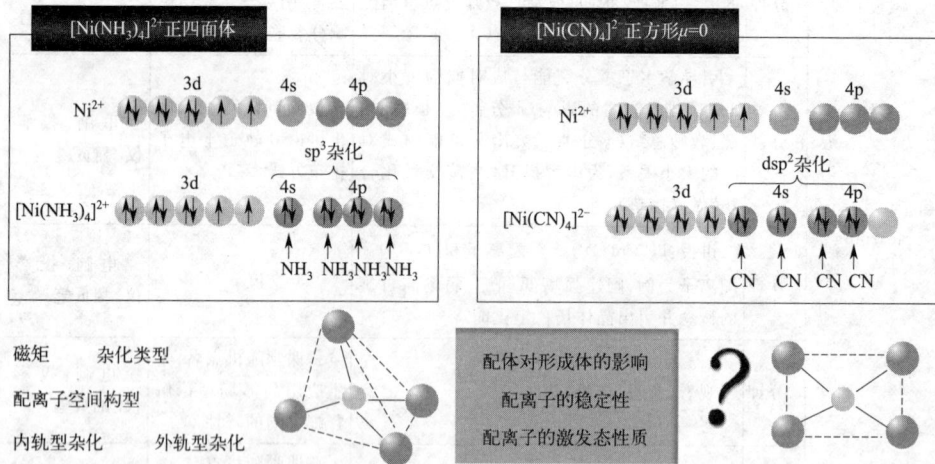

图 1-2　价键理论的缺点

（课程思政　晶体场理论的诞生是科学家们持续探索、勇于挑战既有理论的显著成果。从最初的简易电荷模型逐步演变为更为复杂且完备的理论体系，这体现了科学研究的创新性和探索精神。这部分教学内容可以启发学生理解科学研究的内在需求——不断创新与超越自我，激发他们的创新意识和探索精神。）

2. 晶体场理论

晶体场理论是一种静电理论，其中心离子和配体都是点电荷，不考虑任何形式的共价键；当中心离子处于由配体所形成的非球形对称的负电场中时，中心离子的 d 电子将受到配体负电场的排斥作用，五重简并的 d 轨道将发生分裂，有些轨道能量升高，有些轨道能量降低；中心离子的价电子在分裂后的 d 轨道上重新排布，优先占据能量低的 d 轨道，使体系能量发生变化，带来了额外的稳定化能。八面体场分裂情况示意如图 1-3 所示。

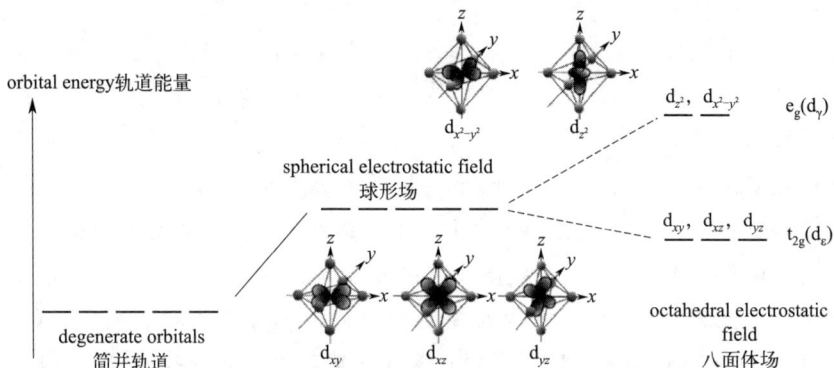

图 1-3　八面体场分裂情况示意图

慕课堂讨论：①在六配位的正八面体场中，6 个配体沿什么方向分布？②哪些 d 轨道能量会上升？为什么？③哪些 d 轨道能量会下降？为什么？

（课程思政　八面体场中五重简并的 d 轨道能级分裂现象对本科生有一定的难度，然而只要掌握 d 轨道的空间伸展方向以及八面体场中配体的分布位置，理解 d 轨道的空间伸展方向与配体的空间分布位置之间的相互关系是事物的主要矛盾，就能较为容易理解 d 轨道能级分裂现象。这告诉我们在进行理论知识学习中要善于抓住事物的主要矛盾。）

分裂能概念：分裂后两组 d 轨道之间的能量差称为分裂能，规定八面体场分裂能 Δ_o 等于 10Dq，以球形场中 5 个简并的 d 轨道能量为零点，d 轨道发生能级分裂后，每个 t_{2g} 轨道的能量比分裂前降低 4Dq，每个 e_g 轨道的能量比分裂前升高 6Dq。

师生讨论总结：结合常见 d 区金属配合物八面体场分裂能数据，讨论分裂能的一般影响因素。同一中心离子所带的电荷越高，分裂能越大。中心离子的氧化数相同时，随着中心离子半径增大，分裂能也增大。另外，当中心离子相同，配体不同时，按配体场强不同，分裂能也不同。配体场强越大，分裂能越大。配体场强可以从光谱实验数据中获得。

成对能概念：电子成对能是指 2 个电子在进入同一轨道时为克服相互间排斥力所需要的能量，用 P 表示。分裂能和成对能都可以通过光谱实验来测定。

师生讨论：从能量角度看，对于 4～7 个 d 电子，究竟以哪种形式排列，这取决于分裂能和电子成对能的相对大小。当 $P > \Delta_o$ 时，电子按洪特规则排列，尽可能先分占各个轨道自旋平行，形成高自旋状态，磁矩值较大；当 $P < \Delta_o$ 时，电子按能量最低原理排列，先占据能量低的轨道并配对，形成低自旋状态，磁矩较小。

对同一中心离子而言，成对能相同，随着配体场强的不同，分裂能相差较大，一般强场配体产生的分裂能大，电子以低自旋方式排列，弱场配体产生的分裂能较小，电子以高自旋方式排列。以 $[Co(CN)_6]^{3-}$ 配离子为例，6 个 d 电子排列为 $t_{2g}^6 e_g^0$，轨道上没有单电子，呈低自旋状态。而在 $[CoF_6]^{3-}$ 配离子中，6 个 d 电子排列为 $t_{2g}^4 e_g^2$，轨道上有 4 个单电子，呈高自旋状态。

晶体场稳定化能：d 电子在晶体场中进入分裂后的轨道，总的能量往往低于未分裂时轨道的总能量，这个总能量的降低值称为晶体场稳定化能(crystal field stabilization energy，CFSE)，能量降低值越大，配合物的稳定性越大。

师生讨论：比较 $[Fe(CN)_6]^{3-}$ 和 $[FeF_6]^{3-}$ 配离子稳定性的大小。

(课程思政　晶体场理论的发展历程涵盖了量子力学、分子轨道理论和群论等多个学科的相互交织与结合。这一过程充分证明了科学发展的推动力常常来自不同学科领域的深入合作与信息交流。通过这一实例，我们不仅可以培养学生的跨学科思考能力，还能强调团队合作的核心价值。)

3. 晶体场理论应用

师生讨论：应用晶体场理论解释配合物磁性。以六氰合铁配离子与六氟合铁配离子为例，讨论通过比较配合物的成对能和分裂能数值，可以判断 d 电子在分裂了的 d 轨道中的排布情况，从而判断出单电子数目，计算出磁矩值，推知磁性强弱。

师生讨论：应用晶体场理论解释配合物颜色。过渡元素水合离子是配离子，中心离子在配体水分子的影响下，d 轨道能级分裂，而 d 轨道上通常没有填满电子，当配离子吸收可见光区某一部分波长的光时，d 电子可以从能级低的 d 轨道跃迁到能级高的 d 轨道，在八面体场中从 t_{2g} 轨道跃迁到 e_g 轨道，这种跃迁称为 d-d 跃迁(板书)。跃迁所需的能量就是轨道的分裂能。这样吸收光的波长越短，所需能量越大，分裂能越大。

学生讲解：

结合 $[\mathrm{Ti}(\mathrm{H_2O})_6]^{3+}$ 配离子的吸收光谱，解释其水溶液为什么呈现出紫红色。

结合 $[\mathrm{Zn}(\mathrm{H_2O})_6]^{2+}$ 和 $[\mathrm{Sc}(\mathrm{H_2O})_6]^{3+}$ 配离子中心金属离子的外层电子排布，解释 $[\mathrm{Zn}(\mathrm{H_2O})_6]^{2+}$ 和 $[\mathrm{Sc}(\mathrm{H_2O})_6]^{3+}$ 水溶液是无色的。

4. 拓展内容——自旋交叉化合物

慕课平台讨论区：

课前上传相关参考文献：一例铁（Ⅱ）的自旋交叉配合物（杂自旋结构和自旋转变与磁相互作用的协同性）。请同学提前阅读讨论。

结合本节课学习内容，引导学生理解参考文献中化合物的自旋交叉现象。该化合物是由双三齿配体与亚铁离子自组装形成一个四核铁簇，每个铁原子的配位环境是 N_4O_2、六配位、八面体场。当温度降低时，两个铁离子自旋态发生转变，从高自旋转变成低自旋，配合物中的单电子数也必然发生变化，从而影响配合物的磁性。对于 $d^4 \sim d^7$ 的过渡金属离子，在八面体场中，电子可以是低自旋排布或高自旋排布。当分裂能 Δ 大于电子成对能 P 时为低自旋；当分裂能 Δ 小于电子成对能 P 时为高自旋；当 Δ 与 P 接近时，在外界温度、压力、光辐射等条件的微扰下，配合物可以发生高自旋与低自旋的相互转换，这种现象称为自旋交叉（spin-crossover）或自旋转换（spin-transition），如图 1-4 所示。

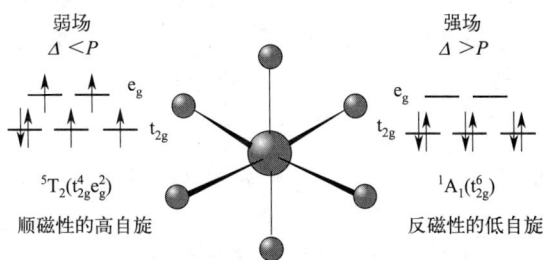

图 1-4　自旋交叉现象

（课程思政　基础知识的扎实程度对于理解更复杂概念至关重要，引导学生脚踏实地夯基础，仰望星空做研究。另外，在面对环境变化时，要保持开放心态，具备终身学习的能力，适应和灵活调整策略，更快地适应新环境，更好地应对新变化。）

（六）课外思考题

登录中国大学慕课平台参与课后讨论：请结合晶体场理论这节课的内容谈谈，为了制备具有自旋交叉性质的配合物，在设计配体时应注意哪些问题？

（七）教学策略

1. 可视化教学：利用多媒体工具(如 3D 模型、动画)帮助学生直观理解 d 轨道的空间分布和分裂过程。

2. 案例教学：通过具体的配合物案例，逐步引导学生理解 CFSE 的计算及其在实际化学性质中的应用。

3. 问题引导式学习：通过设计问题引导学生思考高自旋与低自旋状态的判断，鼓励他们在不同配体场条件下分析电子排布情况。

4. 实验与理论结合：重复或设计相关实验，让学生通过实际操作和数据分析，加深对理论知识的理解和应用。

（八）教学效果分析

1. 知识与技能：理解晶体场理论的基本要点及中心离子 d 轨道的能级分裂现象；掌握分裂能对中心金属离子 d 电子排布方式的影响。

2. 过程与方法：从问题"价键理论的缺点"导入晶体场理论，以慕课课程和慕课堂为平台，与传统课堂进行有机融合，引导学生自主解决问题。教学讲授翻转，尊重学生的主体地位，变教为导，激活学生的主体意识。授课教师在倾听的同时，对其进行科学、合理的引导与评价。

3. 情感态度与价值观："思政"在润物细无声中注入。通过将"晶体场理论"与配位化学前沿研究领域"自旋交叉配合物"相结合，引导学生利用基础知识来探究科学问题；激发其学习热情和对人生的思考；培养其对学科、专业的热爱，对微观世界的理解能力和勇于探索的科学精神；更使学生深刻感受到学习路上忌"好高骛远"，"脚踏实地"打基础对"仰望星空"做研究具有非常重要的意义。这些教学目标旨在帮助学生深入理解 CFSE 的基本原理和其在配合物化学中的应用，从而为进一步研究和开发新材料奠定坚实的理论基础。

千丝万缕连微处，众志成城锁乾坤
——在氢键教学中培养科学精神和社会责任感的实践探索

黄薇

⭢ **教学内容** 氢键

⭢ **课程性质** 专业基础必修课程

⭢ **专　　业** 化学、化工及材料、药学等近源专业

⭢ **授课对象** 大学一年级学生

⭢ **本节内容思政元素融入简表**

章节	知识点	德育目标及德融教学概述	实现形式
第8章 第3节	氢键	氢键的方向性和饱和性→氢键形成的必要条件→平衡与和谐→人与自然、社会的关系 氢键弱作用力→多氢键协同作用→团结协作 氢键基础知识→氢键拓展知识(HOF多孔材料,高效选择吸收 CO_2)→国家碳达峰、碳中和战略目标→石化行业的技术创新和产业升级	混合课堂☑ 思维导图☑

⭢ **本节内容蕴含的思政元素分析**

氢键作为一种在物质结构中普遍存在的弱作用力，其概念范畴在不断扩大。1939年，鲍林在《化学键的本质》这一专著中阐明了氢键的概念，使"氢键"被广为接受。这本书中关于氢键的观点主要有两条：①在某种情况下，一个氢原子同时被两个电负性很强的原子所吸引，氢原子在这两个原子间形成了一个键，称为氢键；②一个氢原子只有一个基态1s轨道，不能形成两个纯共价键，所以氢键有很大的离子成分。到了2011年，国际纯粹与应用化学联合会(International Union of Pure and Applied Chemistry，IUPAC)给出了氢键的最新定义：氢键是分子或者分子片段X—H(其中，X的电负性比氢原子大)中氢原子和同一分子或

者其他分子中的原子或者基团之间的一种吸引作用，并且有证据表明它们之间有键的生成。

氢键具有方向性和饱和性，氢键的形成需要适当的距离和条件。这可以引申为人与自然、人与社会之间的关系，强调平衡对和谐发展的重要性。过度开发自然资源会导致生态失衡，影响人类的生存和发展，我们要注重保护自然环境，实现人与自然的和谐共生，要坚持可持续发展战略，实现经济与环境的协调发展。过度追求个人利益而忽略社会责任会导致社会矛盾和冲突，我们要注重个人与社会之间的平衡，积极参与社会建设，共同维护社会稳定和发展。我们要学会与他人合作，注重团队精神，实现个人与整体的共同发展。

单个氢键键能很小，为了获得具有高稳定性的超分子组装体，化学家们常常设计多氢键序列，通过多氢键协同作用达到高稳定性，连接成网络结构和多维结构。教师课前在慕课讨论区推送一篇关于氢键框架结构的文献（*J. Am. Chem. Soc.*, 2013, 135: 11684-11687.）。文献中介绍了一例具有高效吸收 CO_2 功能的氢键有机框架（hydrogen-bonded organic framework, HOF）材料 HOF-8，如图 2-1 所示。HOF-8 材料的热稳定性非常好，可达 350℃，这主要归因于超分子体系中多氢键的协同作用。在室温条件、一个大气压下，该材料对二氧化碳的吸附能力达到 57.3mL/g。

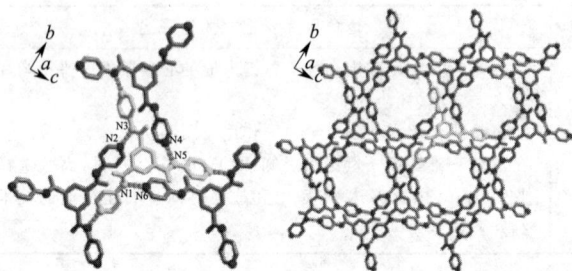

图 2-1　HOF-8 的晶体结构图

自 2020 年我国"双碳"号角吹响，提出"二氧化碳排放力争于 2030 年前达到峰值，努力争取 2060 年前实现碳中和"目标后，要求我们在减碳、低碳的约束下，更好更快地高质量发展，这给化学工业、行业带来了巨大的挑战和机遇。新型催化技术，以二氧化碳为原料的化学品和合成材料技术等都是化学与化工行业实现低碳转型的重要举措，推动着我国化工行业的技术创新和产业升级。二氧化碳是可以利用的资源，人类也不可能生活在无碳的世界里。所以目前化工强国和一些跨国公司，以及很多科研人员都在大力研究二氧化碳资源化利用的技术，包括二氧化碳的捕集和转化，谁在技术上领先，谁就在未来竞争中取得优势，如图 2-2 所示。

储能式电源车　　　　　江苏海上风电机吊装　　　　　青海海西新能源发电

中石化首座碳中和加油站　　　　二氧化碳捕集装置

图 2-2　低碳转型新举措

　　通过化学学习，学生不仅能理解碳排放的来源和过程，将来还能够开发低碳技术（清洁能源技术、碳捕获和存储技术），助力国家"双碳"目标早日实现，增强学生的专业认同感。

　　另一方面，结合我国科学家的科研工作，带领学生了解氢键的发展历程，增强民族自豪感。化学家们对氢键的争论一直没有停止，氢键仅仅是一种分子间弱的静电相互作用，还是类似于共价键存在部分电子云共享？有人甚至怀疑它到底是否存在。氢键的类型，也从简单的强氢键，拓展到如今 π 型氢键、二氢键、反氢键、金属型氢键等。

　　随着实验技术的革新、科研人员的努力，人们对氢键的研究进入了"新层次"，越来越可视化。2013 年，中国科学院国家纳米科学中心的裴晓辉研究员课题组在 *Science* 期刊上发表论文（*Science*，2013，342：611-614.），他们利用原子力显微镜技术，观测到分子间氢键和配位键的相互作用，在国际上首次实现了对分子间作用的直接成像。分子间氢键的"照片"被同年的 *Nature* 期刊评为年度最震撼的图片之一（图 2-3）。

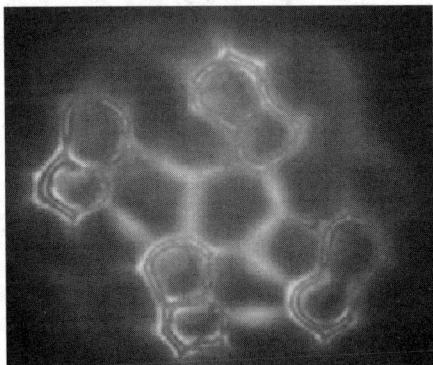

图 2-3　分子间氢键"照片"

◐ **教案设计**

一、教学目标

（一）知识目标

1. 了解氢键的研究历史，理解氢键的基本概念，掌握氢键的定义和形成条件。

2. 认识氢键的类型和强度，了解氢键的不同类型以及影响氢键强度的因素。

3. 理解氢键在影响物质物理和化学性质中的作用。

4. 探究氢键的科学研究，了解其在科学研究中的意义、研究进展和应用前景。

（二）能力目标

1. 能够分析氢键的形成条件和影响因素，并推测其对物质性质的影响。

2. 能够将氢键理论知识应用于解释日常现象或解决实际问题，增强学以致用的意识。

3. 通过小组合作讨论，培养在团队中分工协作的能力，促进合作精神和表达交流。

（三）价值目标

1. 激发创新意识：借助"氢键"教学内容，带领学生了解氢键的发现和研究历程，激励学生探索未知，培养敢于创新的精神。

2. 树立和谐理念：引导学生理解自然与社会的平衡，培养他们关注整体协调、胸怀社会责任、推动和谐发展的价值观。

3. 强化团队精神：通过多氢键协同效应的学习，增强学生的团队合作能力，理解集体力量的重要性。

4. 知行合一：结合氢键在二氧化碳吸附领域的实际应用，鼓励学生将知识应用于实践，为国家发展贡献力量。

二、教学内容分析

（一）教学内容

1. 氢键的定义。

2. 氢键的特点。

3. 氢键的类型。

4. 氢键对物质性能的影响。

5. 拓展案例研究：氢键连接的有机框架材料。

6. 拓展案例研究：氢键的可视化。

（二）教学重点

1. 氢键的发展历程、氢键的定义和形成条件。

2. 氢键的结构特点以及它与共价键、范德华力等的区别。

3. 氢键的类型及其对物质性质的影响。

（三）教学难点

1. 氢键的微观本质理解：氢键的形成涉及电负性概念和分子间弱相互作用，学生难以直观理解氢键的本质和它与其他类型化学键的区别。

2. 氢键在大分子氢键网络中的重要作用：学生难以把握氢键在复杂分子结构，尤其是涉及大分子（如蛋白质、DNA、超分子晶体工程）的氢键网络中的作用。

（四）教学设计

采用知识拓展型的研究型课堂：翻转教学＋案例教学。

翻转教学：

课前：下达学习任务单，学生按照任务单要求在慕课平台自主学习相关资源，包括 MOOC 视频和参考文献，完成相应测试和讨论，自检学习效果。

课中：分析研讨具体案例；小组协作讨论；教师个别化指导；学生展示汇报；教师讲解重点难点；引入前沿，布置后续任务。

课后：课堂延伸，师生线上讨论，完成课程作业。

案例教学：

引入关于氢键的前沿研究案例。

多氢键协同作用增加稳定性：*J. Am. Chem. Soc.*，2013，135：11684-11687.

氢键的可视化研究：*Science*，2013，342：611-614.

课堂环节	时间	教师活动	学生活动	教材教具
导入/暖身 bridge-in	2分钟	教师联系生活中的实际——冰山、冰花,引导学生思考"为什么冰会浮在水面上"	观看PPT、倾听、思考、讨论、师生交流	手机、电脑、投影仪、翻页笔
学习目标 objectives	0.5分钟	引出本节课的教学目标与要求	倾听	电脑、投影仪、翻页笔
参与式学习 participatory learning	1.5分钟	互动设计1: 师:拉提麦尔和罗德布什在解释水分子之间缔合作用时,首次明确描述了氢键现象。 生:翻译文献中关于氢键的解释。 师:介绍哈金斯的相关研究	师生讨论、教师总结	电脑、投影仪、翻页笔
	4分钟	互动设计2: (1)教师按照时间轴介绍伯纳尔、鲍林、哈金斯在氢键发展历程中的重要贡献,引出氢键的定义 (2)师生讨论国际纯粹与应用化学联合会2011年给出的氢键最新定义,明晰该定义与鲍林定义的区别	教师主讲、师生讨论	电脑、投影仪、翻页笔、白板
	4分钟	互动设计3: 慕课堂讨论一:氢键的特点体现在哪些方面,并简要解释,然后请两位同学结合课件分别讲解	自由讨论、学生答题、学生讲解、教师总结	电脑、投影仪、翻页笔、白板
	2.5分钟	互动设计4: 师:介绍氢键的强度特点,并结合表格数据,请同学讨论总结氢键键能变化会呈现出怎样的规律	自由讨论、教师辅导、学生讲解、师生交流	电脑、投影仪、翻页笔
	2.5分钟	互动设计5: (1)慕课堂讨论二:结合熔沸点数据讨论邻硝基苯酚的熔点远低于对硝基苯酚,而水的沸点远高于其他氧族元素氢化物,这是为什么 (2)师:强化分子内氢键和分子间氢键的形成	自由讨论、学生答题、师生讨论总结	电脑、投影仪、翻页笔
	3分钟	互动设计6: (1)案例式教学:以对叔丁基杯[4]芳烃与对二甲苯形成的2:1型配合物为例,介绍$C—H\cdots\pi$型氢键 (2)案例式教学:以Me_2NNO_2为例,中子衍射测试表明化合物的晶体结构中存在$C—H\cdots O$型氢键链 (3)案例式教学:以$H_3B\cdot NH_3$加合物的晶体结构为例,介绍二氢键	自由讨论、学生讲解、教师总结	电脑、投影仪、翻页笔

续表

课堂环节	时间	教师活动	学生活动	教材教具
参与式学习 participatory learning	2.5分钟	互动设计7： 师：氢键在超分子化学、晶体工程、分子识别、催化等领域发挥着越来越重要的作用,人们可以借助氢键给体和受体的相互作用,制备性能优异的功能材料	教师主讲、师生交流	电脑、手机、投影仪、翻页笔
	7.5分钟	互动设计8： 分组汇报:氢键对物质性能具体有哪些影响	自由讨论、小组汇报、教师总结	电脑、手机、投影仪、翻页笔、白板
	11.5分钟	互动设计9： 师：单个氢键键能很小,为了获得具有高稳定性的超分子组装体,化学家常常设计多氢键序列,通过多氢键协同作用达到高稳定性,连接成网络结构和多维结构。引入文献:$J. Am. Chem. Soc.$, 2013, 135:11684-11687. 请同学课堂讨论课前布置的四个问题	教师讲解、自由讨论、师生交流、学生讲解、教师总结	电脑、投影仪、翻页笔、白板
	1.5分钟	互动设计10： 结合这项工作对二氧化碳的高选择性吸附,引导学生树立远大目标,将来开发低碳技术（清洁能源技术、碳捕获和存储技术）,助力国家双碳目标早日实现	教师讲解、师生交流	电脑、投影仪、翻页笔
	1分钟	互动设计11： 师:介绍我国科学家进行的氢键可视化研究	教师讲解、师生交流	电脑、投影仪、翻页笔
课堂小结 summary	1分钟	布置课后作业： 线上交流两个问题： (1)科学家为什么会选择8-羟基喹啉这种分子来研究氢键的直接成像 (2)根据你的理解,结合相关文献资料,谈谈科学家发现这种氢键可视化技术对今后的科学研究会有哪些推动	教师总结、学生思考	电脑

（五）教学过程

1. 导入

　　冰是水的固态形式，是自然界中最常见的物质。在纪录片《冰冻星球》中，冰山是童话世界里海洋上的城堡，高矮参差不齐。冰山一角，我们看到的不过是冰山的1/10，其余部分藏在海面下。当水冻结成冰时，它却能够浮在水面上,这是非常有趣的现象。为什么冰会浮在水面上呢?引导学生从更深层次的结构上寻找原因。水分子由一个氧原子、两个氢原子组成,分子间通过氢键相互连接,在液态,水分子运动剧烈,分子间氢键不断形成和断裂。温度降到 0℃ 以下,由于能量减少,水分子运动减缓,氢键稳定性增加,水分子逐渐排列成规则的六方晶格结构,形成冰体,冰的密度($0.92cm^3/m^3$)比水的密度小,所以冰能够在水面上浮起(图 2-4)。

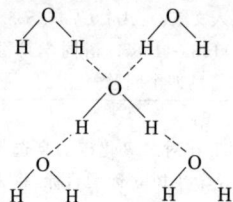

图 2-4　水分子中的氢键

2. 氢键的研究历史

1920 年,在拉提麦尔(W. M. Latimer)和罗德布什(W. H. Rodebush)解释水分子之间缔合作用,从路易斯理论出发讨论极化和离子化现象时首次明确描述了氢键现象:被两个八隅体共有的氢核形成了一个弱键。1922 年,哈金斯在一篇题为《原子结构》的文章中提到"正电荷核在其价层中不含电子,与含有孤对电子的原子反应,可以形成弱键"。

1935 年,伯纳尔正式提出氢键的概念。同年,鲍林发现并提出每个水分子被其他 4 个水分子包围形成氢键网络。1936 年,哈金斯发表了两篇关于氢键的文章,在一篇关于有机物氢键的文章中,哈金斯列举了大量以 O—H、N—H 为质子给体的氢键。1939 年,鲍林在《化学键的本质》这一专著中进一步阐明了氢键的概念,这种由电负性大的元素与氢形成的化学键而引起的对另一元素孤对电子的吸引称为氢键。

随着 X 射线衍射、中子衍射分析等技术(图 2-5)的逐步完善,化学家以及物理学家测出了一系列氢键的键能、键长、键角数据。2011 年,国际纯粹与应用化学联合会(International Union of Pure and Applied Chemistry, IUPAC)

给出了氢键的最新定义：氢键是分子或者分子片段 X—H（其中，X 的电负性比氢原子大）中氢原子和同一分子或者其他分子中的原子或者基团之间的一种吸引作用，并且有证据表明它们之间有键的生成。

X射线单晶衍射仪　　　　中子单晶衍射仪

红外光谱仪　　　　核磁共振波谱仪

图 2-5　分析技术的完善

（课程思政　氢键的发现和研究，源自科学家对微观世界的深入探索，这不仅揭示了物质的本质规律，也彰显了科学精神中的探索与求真。在学习中，我们应当激励学生继承和发扬这一精神，勇于迈向未知，敢于创新，不断拓展科学的边界，推动知识的进步与社会的发展。）

3. 氢键的特点

课前要求学生预习慕课平台氢键部分的内容，课中结合慕课堂请学生讲解氢键的特点。氢键的特点体现在方向性、饱和性和强度三个方面。

氢键的方向性是指 Y 原子与 X—H 形成氢键时，Y 原子中孤电子对的对称轴要尽可能与 X—H 键的键轴在同一方向，即 X—H---Y 三个原子位于一条直线上，$\theta = 180°$，这样能够使原子 Y 中负电荷分布最多的部分最接近氢原子，同时，X 原子与 Y 原子距离最远，两原子间负电斥力最小，形成的氢键最稳定（图 2-6）。

氢键的饱和性是指每一个 X—H 键只能与一个 Y 原子形成氢键。由于氢原子比 X、Y 原子小得多，形成 X—H---Y 键以后，X 和 Y 原子电子云的斥力使得另一个极性分子 Y′很难靠近。但是对于弱的氢键，例如 C—H---O 型氢键、C—H---N 型氢键等，方向性和饱和性不如经典的氢键严格。H---Y 原子

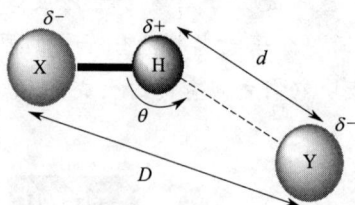

图 2-6 氢键的方向性

间距离较长，经常出现一个 Y 原子同时形成多个氢键的情况(图 2-7)。

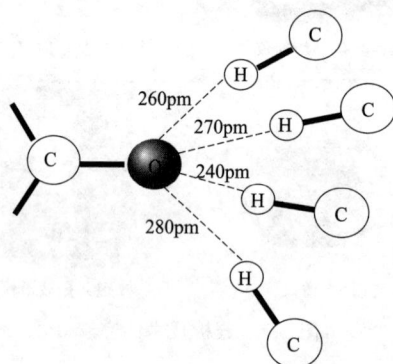

图 2-7 氢键的饱和性

结合常见氢键的气态解离能数据，请同学总结氢键键能呈现出的一般性规律。较小的原子半径有利于形成较强的氢键。例如 F 的电负性最大，原子半径最小，形成的氢键最强；S 的电负性比较大，但原子半径也较大，形成的氢键较弱，所以硫化氢分子中的氢键键能是 7kJ/mol；C 虽然半径比较小，但是电负性也比较小，形成的氢键也较弱，氢氰酸分子间氢键键能只有 16kJ/mol。

(课程思政 氢键的形成依赖于适当的距离和条件，这正如人与自然、人与社会、个人发展与整体协调、经济发展与环境保护之间的关系，只有在保持适度平衡的情况下，才能实现稳定与和谐。)

4. 氢键的分类

分子间氢键和分子内氢键：结合两组熔沸点数据，引导学生理解邻硝基苯酚的熔点远低于对硝基苯酚，水的沸点远高于其他氧族元素氢化物。这是因为分子间氢键可以提高物质的熔沸点，分子内氢键会使熔沸点降低。邻硝基苯酚形成了分子内氢键，对硝基苯酚形成了分子间氢键，水分子也形成了分子间氢键。

　　C—H---π 型氢键：以对叔丁基杯[4]芳烃与对二甲苯形成的 2∶1 型配合物为例，介绍 C—H---π 型氢键（图 2-8）。

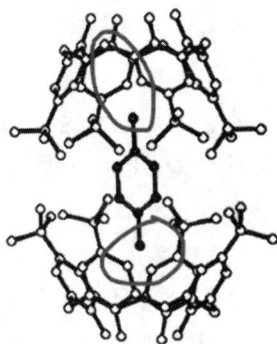

图 2-8　对叔丁基杯[4]芳烃与对二甲苯形成的 2∶1 型配合物

　　二氢键：以 $H_3B \cdot NH_3$ 加合物晶体结构为例介绍二氢键。中子衍射测试表明，$N—H^{\delta+}---H^{\delta-}—B$ 键中两个氢原子的距离为 202pm，远小于两个氢原子的范德华半径 240pm，而理论计算也证明 $H^{\delta+}---H^{\delta-}$ 之间相互作用能是 13kJ/mol，两个氢原子间形成了弱氢键。

　　5. 氢键的应用

　　氢键在超分子化学、晶体工程、分子识别、催化等领域发挥着越来越重要的作用，人们可以借助氢键给体和受体的相互作用，制备性能优异的功能材料。课前通过 QQ 群布置任务，请学生查阅资料，总结氢键对物质性能产生的具体影响。

　　学生分组汇报（图 2-9）。

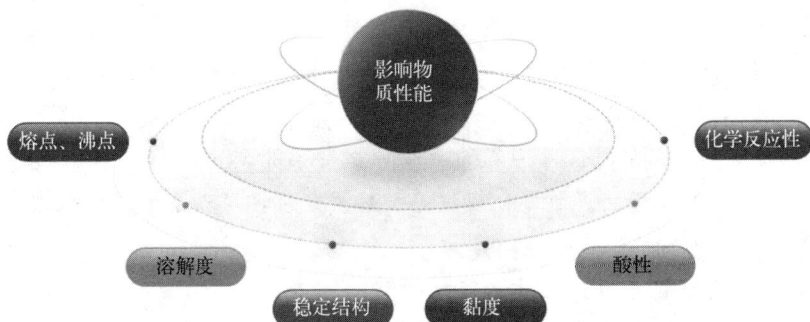

图 2-9　氢键影响物质的性能

6. 拓展案例：多氢键协同作用（J. Am. Chem. Soc.,2013,135:11684-11687.）

单个氢键键能很小，为了获得具有高稳定性的超分子组装体，化学家常常设计多氢键序列，通过多氢键协同作用达到高稳定性，连接成网络结构和多维结构。结合文献，师生讨论以下问题。

（1）什么是 HOF？HOF 和 MOF 的区别是什么？

（2）依据文献，为什么这个体系能形成这种 HOF 结构？

（3）作者如何证明氢键对这种 HOF 材料的稳定性有贡献？

（4）这种材料有什么特殊的性能？

（课程思政 氢键的协同效应展现了团结合作的巨大力量。虽然氢键作为一种相对较弱的化学键，其单个作用微弱，但当众多氢键协同作用时，却能够构建起坚固而稳定的结构。这一科学现象深刻地寓意了人际交往和社会生活中的哲理，凸显了团结协作的重要性。正如微小的氢键通过聚合能够支撑起宏伟的结构，个体的微小努力在团结合作的环境下，同样可以孕育出卓越的成就。这提醒我们，集体的力量远远超越了个体的孤立作用，只有在相互协作中，才能实现真正的成功与发展。）

7. 拓展案例：氢键的可视化研究（Science,2013,342:611-614.）（线上讨论）

（六）课外思考题

1. 在氢键的可视化研究文献中（Science,2013,342:611-614.），科学家为什么会选择 8-羟基喹啉这种分子来研究氢键的直接成像？（请阅读文献。）

2. 蛋白质变性与氢键的关系。

（七）教学策略

1. 案例教学：通过实际案例引出氢键的概念和应用，如冰的形成、水的高沸点、DNA 双螺旋结构的稳定性等。分析案例中氢键的作用，让学生从实际现象出发，理解氢键的作用机制和应用。

2. 问题引导式学习：以问题为导向，引导学生思考和探索多氢键协同作用文献中相关的知识点。通过分组讨论、数据分析，培养学生积极探索和解决复杂科学问题的能力。

3. 实验与理论结合：在讲解氢键的理论基础上，设计拓展实验，如测定不同物质的沸点、研究蛋白质变性过程等，通过实验验证理论知识，强化学生的实践能力和理论应用能力。

4.分层教学与个性化指导：利用慕课平台、线上线下结合，根据学生的不同学习能力，提供分层次的任务。对于学有余力的学生，教师可提供更具挑战性的任务和深入讨论的机会。

（八）教学效果分析

1.知识与技能：能够清晰理解氢键的定义、形成条件以及类型；能够运用所学知识分析和解释氢键在各种化学现象和生物大分子中的作用，如水的特殊性质、蛋白质结构的稳定性等。

2.过程与方法：案例教学使学生深入理解科学研究的基本流程，如提出研究问题、设计实验方案、观察实验现象、分析实验数据以及得出科学结论。同时，通过小组讨论和汇报，学生的团队协作精神和科学沟通技巧得到加强，他们能够有效地阐述自己的见解并总结团队成果。

3.情感态度与价值观：氢键的研究历程激励学生追求创新，使学生体会到科学探索的精神，培养了学生对未知世界的好奇心和求知欲，树立了学生敢于挑战和突破传统的意识。学生通过了解氢键在环境保护(如二氧化碳吸附)等领域的应用，增强了保护环境的责任感，认识到科学知识可以服务社会，树立了正确的价值观。在实验和讨论过程中，学生深刻感受到团队合作的重要性，认识到个人努力与集体智慧相结合是解决复杂问题的关键。这种合作精神将对他们的未来学习和工作产生积极影响。

规则与灵活并存
——从氧化数与化合价看应对复杂问题的策略

黄薇

- ➲ **教学内容** 氧化数

- ➲ **课程性质** 专业基础必修课程

- ➲ **专 业** 化学、化工及材料、药学等近源专业

- ➲ **授课对象** 大学一年级学生

- ➲ **本节内容思政元素融入简表**

章节	知识点	德育目标及德融教学概述	实现形式
第 6 章 第 1 节	氧化数	氧化数的概念发展→经典化学结构理论的发展→尊重科学历史，启迪智慧 Fe_3O_4 结构的研究→广泛的知识基础和跨学科的思维方式	混合课堂☑ 思维导图☑

➲ **本节内容蕴含的思政元素分析**

化合价和氧化数是化学领域中的两个核心概念，它们对理解和推动化学的发展起到了关键作用，特别是在解释氧化还原反应、阐明化学键的性质以及解析物质结构方面。

化合价（valence）这一概念起源于 19 世纪，描述了元素在形成化合物时与其他元素结合的能力。化合价通常以整数形式表示，反映了元素能够形成的化学键数量，与该元素的化学性质和键合模式密切相关。通过化合价，化学家可以更好地理解不同元素在化学反应中如何结合，从而为化学键理论提供了重要的理论支持。随着经典化学结构理论的不断发展，化合价逐渐与化学键的类型紧密相连，用来表示不同的键合方式。例如，在 $MgCl_2$ 中，化学键是离子键，在 H_2O 中则是共价键，而在 $[Cu(NH_3)_4]^{2+}$ 配离子中，形成的是配位键。由此可见，化合价可以

细分为电价、共价和配位价，分别对应不同的化学键类型，帮助化学家更精准地描述和理解元素在化合物中的键合模式。

在介绍化合价概念的发展过程中，可以穿插讲述化学史上一些著名化学家的贡献，以更好地展示这一概念的形成和演变。例如，英国化学家弗兰克兰（E. E. Frankland，1825—1899）首次提出了化合价的概念，认为每个元素都具有一定的"结合力"，即化合价，来结合特定数量的其他原子。德国有机化学家凯库勒（F. A. Kekulé，1829—1896）通过研究碳的四价结构，推动了有机化学的发展。与此同时，德国化学家迈耶尔（J. L. Meyer，1830—1895）与门捷列夫一起发展了元素周期表，进一步深化了化合价在元素周期律中的重要性。

在 20 世纪，美国化学家路易斯（G. N. Lewis，1875—1946）提出了共价键理论，将化合价与电子对的共享联系起来。朗缪尔（I. Langmuir，1881—1957）对路易斯的理论进行了扩展，提出了原子通过电子云重叠形成化学键的概念。美国化学家鲍林（L. C. Pauling，1901—1994）则在结合量子力学的基础上进一步发展了化学键理论，提出了电负性和共价键理论的结合。

在基础课教学中适当引入这些化学史上的经典人物和他们的贡献，能够帮助学生理解化学理论的逐步形成过程，培养他们正确的价值观，增强他们献身科学的精神和端正他们严谨治学的态度。正如我国著名教育家、化学家傅鹰教授所指出的："一门科学的历史是这门科学中最宝贵的一部分，因为科学只能给我们知识，而历史却能给我们智慧。"通过这样的历史引入，学生不仅能掌握知识，还能从中汲取智慧，树立科学精神。

由于化合价概念在面对氧化还原反应中的电子转移问题时遇到了一定困难，难以系统化地描述元素在反应中的电子得失和价态变化，氧化数概念应运而生。例如，在某些氧化还原反应中，电子并没有明确的转移，而是发生了电子的重排或偏移，因此无法简单地通过电子转移来判断氧化还原反应过程。此外，对于一些结构复杂（如连四硫酸钠和硫代硫酸钠）或结构未知的化合物，确定元素的化合价更加困难。为了应对这些挑战，1948 年，美国化学家 S. Glasston 首次明确提出了"氧化数"这一术语，用以替代传统的"化合价"概念，并将这一概念应用于氧化还原反应的配平过程中。氧化数的引入使化学家能够更准确地量化化合物中元素的氧化态变化，简化了对反应中电子转移的分析，从而有效平衡氧化还原反应的方程式。这一概念的应用还加深了人们对复杂化合物、离子和分子结构的理解。

尽管氧化数的概念早已提出，但人们对它的理解一直存在困惑。为了消除这一混乱，1970 年国际纯粹与应用化学联合会明确了氧化数的确定规则，并对其定义进行了严格规范。IUPAC 指出，如果某元素与所有其他元素形成的化学键都是100％离子键，并且每个键中的电子都分配给电负性更高的原子，那么该元素一个原子所带的电荷数就是该元素的氧化数。

在介绍氧化数概念时，可以结合研究工作来进行更深入的阐述。例如，通过自组装过程合成了普鲁士蓝类[Fe$_{14}$]纳米分子（图 3-1），该分子呈现面心立方结构，包含 6 个高自旋（hs）混合价 Fe(Fe^{II}/Fe^{III})和 8 个低自旋（ls）正常价态 Fe^{II}。室温下混合价铁呈现出平均氧化数+2.667，低温下通过 Mössbauer（穆斯堡尔）光谱观察到电荷分离成两个+2 和四个+3 氧化态，磁化率测试表明化合物的基态自旋值 $S=14$。

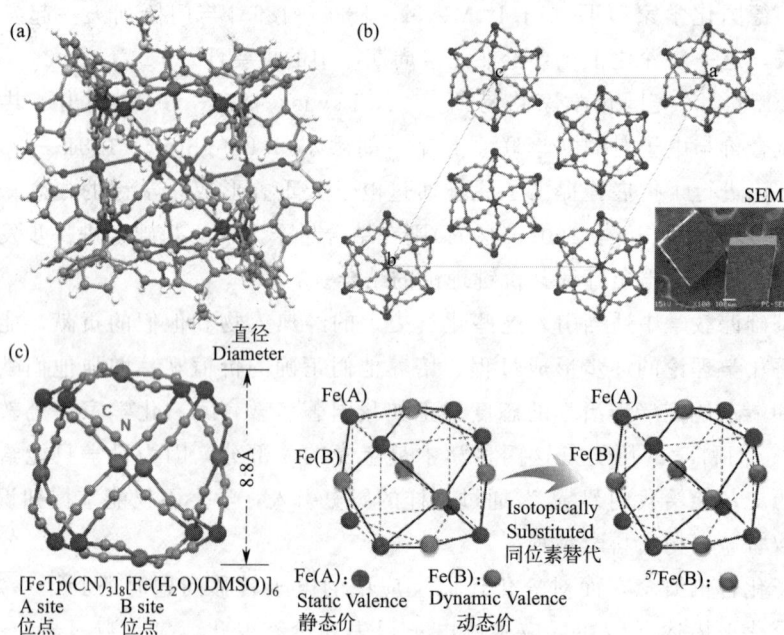

图 3-1　氰桥[Fe$_{14}$]纳米团簇的分子结构（摘自 *Nat. Commun.*，2019，10：5510）

(a)[Fe$_{14}$]纳米分子结构；(b)[Fe$_{14}$]分子晶体结构堆积图；

(c)[Fe$_{14}$]分子内部两种不同位置的铁原子示意图

变温 Mössbauer 光谱研究表明，分子内部的电子转移速率存在温度依赖性。在室温附近，化合物电子转移速率较快，接近光谱的测量时间尺度（10^{-8}s），观察到电子结构为 Fe$^{av\text{-}ls}$—N≡C—Fe$^{II\text{-}ls}$—C≡N—Fe$^{av\text{-}hs}$（av=平均氧化态，+2.667）；200K 以下，电子转移速率变慢，Mössbauer 光谱捕获到普鲁士蓝（Fe$^{II\text{-}ls}$—C≡N—Fe$^{III\text{-}hs}$）与普鲁士白（Fe$^{II\text{-}ls}$—C≡N—Fe$^{II\text{-}hs}$）共存的电子结构。选择性同位素取代的变温穆斯堡尔光谱研究进一步确定了化合物中电子转移发生的位置，化合物经历了从高温下[Fe$_8^{2+}$Fe$_6^{2.666+}$]混合价态到低温下价分离态[Fe$_8^{2+}$Fe$_2^{2+}$Fe$_4^{3+}$]的转变。因而，[Fe$_{14}$]具有电子化合物属性，是一类具有特殊性能的量子材料，2 个剩余电子充当阴离子，在分子壳层表面自由移动，对材料的电磁性能起关键作用。

[Fe$_{14}$]纳米分子中铁元素这一非整数的氧化数来源于铁原子在不同化学环境中的电子分布情况，这个实例使学生能够更加深入地理解氧化数不仅仅是一个整数，而且可以通过分子的整体结构与电子转移情况来精确量化。通过介绍类似实例，可以帮助学生在理论与实践之间建立联系，深化对氧化数概念的理解。

在[Fe$_{14}$]纳米分子中铁元素的氧化数和价态的研究过程中也体现了现代化学的研究方式与物理学密不可分。通过使用穆斯堡尔光谱、X射线光电子能谱、X射线单晶衍射分析等技术，充分展现了现代化学研究与物理学的紧密联系。这些物理技术手段不仅帮助科学家深入了解化合物中的微观结构与电子分布，还展示了学科交叉的重要性。化学与物理的相互融合，推动了更为精确的科学探索，促进了基础科学的整体进步。这种跨学科的研究方法表明，现代科学研究往往需要综合运用多种技术手段，以应对复杂的研究问题。这也启示学生和研究者应具备广泛的知识基础和跨学科的思维方式，才更有可能在未来的科研中取得突破性进展。这些技术手段的使用，可以培养学生对科技创新的理解，启发他们认识到不同学科间的合作和融合是推动科学发展和技术进步的重要力量。

➡ 教案设计

一、教学目标

（一）知识目标

1. 了解氧化数与化合价概念提出的发展历程。
2. 理解和掌握氧化数与化合价的定义及其区别。
3. 运用规则确定化合物中元素的氧化数和化合价，并掌握离子电子法配平的方法。

（二）能力目标

1. 能够准确理解氧化数的定义，掌握氧化数的计算规则及其在氧化还原反应中的应用。
2. 能够通过氧化数判断反应中的电子得失过程，并掌握运用氧化数进行化学方程式配平的技能。

（三）价值目标

1. 培养科学精神：通过引入化学史上的经典人物及其贡献，帮助学生理解化学理论的形成与演变过程，培养学生对科学探索的热爱和对真理的追求，激励学生在未来的科研道路上不断创新与探索。

2. 发展跨学科思维：通过化学与物理等多学科交叉研究的深入探索，培养学生广泛的知识基础和跨学科的思维方式，提高学生解决复杂科学问题的能力。

二、教学内容分析

（一）教学内容

1. 化合价的概念和确定原则。
2. 氧化数的概念和确定原则。
3. 氧化数与化合价的异同。
4. 离子电子法配平化学方程式。
5. 关于氧化数和化合价的科学实例分析。

（二）教学重点

1. 化合价与氧化数的定义和区别。
2. 氧化还原反应中氧化数的应用以及离子电子法配平的实际操作。
3. 通过具体科学实例（如 Fe_{14}、Fe_3O_4、$NaCl$ 等）分析氧化数和化合价在科学研究中的差异和应用。

（三）教学难点

1. 氧化数与化合价的概念区别：氧化数和化合价的定义和应用场合不同。在实际分析复杂化合物时，区分这两者是教学中的一个难点。
2. 对非整数氧化数的理解：非整数的氧化数难以直观理解，需要学生掌握平均氧化态的概念及其在复杂分子中的应用。

（四）教学设计

课堂环节	时间	教师活动	学生活动	教材教具
导入/暖身 bridge-in	3分钟	师生共同回顾中学化学中关于"化合价"的知识，引出"氧化数"的概念	观看 PPT、慕课堂平台提交答案、学生讲授	手机、电脑、投影仪、翻页笔

续表

课堂环节	时间	教师活动	学生活动	教材教具
学习目标 objectives	2分钟	理解氧化数的概念;掌握氧化数与化合价的区别与联系;应用离子电子法对复杂氧化还原反应进行配平	倾听、思考	电脑、投影仪、翻页笔
参与式学习 participatory learning	8分钟	以 $S_2O_3^{2-}$、$S_4O_6^{2-}$ 为例介绍氧化数的概念	慕课堂随机点名、学生讨论、师生共同总结	电脑、投影仪、翻页笔
	8分钟	了解确定元素氧化数的一般规则(自由发言、讨论)。 课堂练习:请根据这些原则计算化合物中碘、硫、铁元素的氧化数	"慕课堂答题+自由发言",引导学生总结确定氧化数的一般规则,师生从化合价、氧化数、共价数的概念总结它们的联系与区别	手机、电脑、投影仪、翻页笔
	8分钟	概念延伸:结合 Fe_{14} 分子簇中铁呈现出+2.667平均氧化数进行讨论,加深学生对氧化数概念的理解	师生讨论、教师总结	电脑、投影仪、翻页笔
	5分钟	慕课堂小练习:离子电子法配平氧化还原反应方程式	学生慕课堂提交作业	手机、电脑、投影仪
	5分钟	师生共同总结离子电子法配平氧化还原反应的步骤,教师强调关键点(以酸性条件下高锰酸根离子与亚硫酸根离子反应生成锰离子和硫酸根离子为例)	师生讨论	电脑、投影仪、翻页笔
	4分钟	慕课堂小练习:课后测,检查同学对氧化数概念及离子电子法配平的掌握情况	学生慕课堂提交作业	手机、电脑、投影仪
课堂小结 summary	2分钟	总结本节课程内容;通过对氧化数与化合价的多维探索,倡导对复杂问题要采取跨学科思维;应用中国大学慕课平台布置课后讨论	思考、理解	电脑、投影仪、翻页笔

（五）教学过程

1. 导入

回顾中学"化合价"知识点。化合价又称原子价,是与物质微观结构相关的概念,表示某种元素原子与其他元素原子化合的性质。教师补充介绍在化学发展史中各种关于"价"本质的理论。

（课程思政 在基础课教学中引入化学史上的经典人物及其贡献,有助于学生树立科学价值观，并培养他们严谨的治学态度和献身科学的精神。）

2."氧化数"的概念

问题导入：对于像 $S_2O_3^{2-}$、$S_4O_6^{2-}$，在同一化学式中同种元素的不同原子在与其他原子结合时表现出不同的能力与性质，该如何判断它们的化合价呢（图 3-2）？

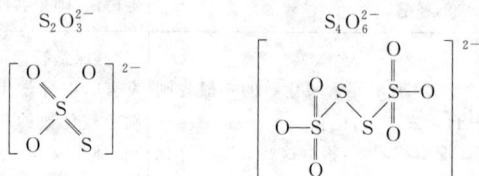

图 3-2 $S_2O_3^{2-}$ 和 $S_4O_6^{2-}$ 的结构式

例如，对于连四硫酸根离子，我们既可以认为两端的两个 S 为 +5 价，中间的两个 S 都是 0 价。也可以认为两端的 S 都是 +6 价，中间的两个 S 都是 -1 价。这些都说明化合价与分子、离子的微观结构有关。但在讨论氧化还原反应时，我们看到的是化学式，可以直接从化学式算出元素的化合价。这样，硫代硫酸根离子中硫元素的化合价为 +2，而在连四硫酸根离子中，硫元素的化合价为 +2.5。这种从化学式出发算得的化合价定义为氧化数。氧化数是一个人为的概念，是某种元素原子的表观电荷数（进行概念解释时穿插回顾"电负性"的概念）。

师生交流讨论了解确定元素氧化数的一般规则，并布置慕课堂小练习：请根据氧化数确定原则计算化合物中碘、硫、铁元素的氧化数。

3."氧化数"与"化合价""共价数"的区别

师生总结：从化合价、氧化数、共价数的概念总结它们的联系与区别。从物质微观结构出发的化合价只能是整数，而氧化数可以是整数，也可以是分数，它们是两个不同的概念。另外，在判断氧化数时不要与共价数相混淆，共价数是指某种元素原子形成共价键的数目。以甲烷分子及其卤代物为例，讨论中心碳原子的共价数和氧化数。

4. 概念延伸

结合 Fe_{14} 分子簇中铁的 +2.667 平均氧化数进行讨论，加深学生对氧化数概念的理解。

（课程思政 现代科学的进步依赖跨学科的深度交融，不同领域的智慧在复杂问题中相互碰撞，才能推动真正的创新。学生不仅要培养跨学科视野，理解学科融合带来的力量，还需拥有兼容并蓄的思维，深植探索的精神，勇于打破传统边界，方能在多领域协作中创造未来科研的无限可能。)

5. 离子电子法配平氧化还原反应方程式

通过慕课堂小练习检测学生对离子电子法配平氧化还原方程式的预习情况。然后师生共同总结离子电子法配平氧化还原反应的步骤(以酸性条件下高锰酸根离子与亚硫酸根离子反应生成锰离子和硫酸根离子为例):

(1) 写出氧化还原反应未配平的离子反应式;

(2) 将总反应式分解为两个半反应方程式;

(3) 分别配平两个半反应(关键步骤);

(4) 根据"氧化剂得电子总和等于还原剂失电子总和"的原则，在两个半反应前面乘以适当的系数相加并化简;

(5) 检查方程式两边是否质量平衡及电荷平衡，然后将离子反应式改写为分子反应式，将箭头改为等号。

师生讨论，强调关键点:根据反应物质的存在形式判断离子反应是在酸性条件还是在碱性条件下进行;正确添加介质，在酸性介质中，半反应两边哪一边氧原子多，就在这一边添加 H^+，另一边添加 H_2O;在碱性介质中，半反应两边哪边氧原子多，就在这一边添加 H_2O，另一边添加 OH^-;在同一半反应中，不可能同时出现 H^+ 和 OH^-。

6. 课堂小结

教师总结本节课程内容:理解氧化数的概念，氧化数与化合价的区别;通过课堂练习掌握离子电子法配平氧化还原反应方程式;通过具体科学实例中对氧化数与化合价的多维探索，倡导对复杂问题要采取跨学科思维。并在中国大学慕课平台布置课后思考题。

(六) 课外思考题

1. 你认为"平均化合价"这种提法合适吗? 为什么?

2. Fe_3O_4 是中学阶段最早接触的化合物，但在讨论价态的时候，人们认为一部分铁呈现 +2 价，一部分铁呈现 +3 价，比例为 1:2。如果从氧化数的概念出发，铁的氧化态是多少? 在四氧化三铁晶体中，三价铁和二价铁又是如何分布的呢?

3. 物理测试技术的进步如何推动了化学学科的发展? 请举一例说明。

（七）教学策略

1. 案例教学：通过结合 Fe_{14} 分子簇中铁呈现出＋2.667 平均氧化数这一案例，加深学生对氧化数概念的理解。

2. 问题引导式学习：通过设计一系列问题，引导学生深入思考"氧化数"与"化合价""共价数"之间的区别和联系。

3. 科学史教学法：通过引入化学史上著名化学家的贡献，帮助学生理解氧化数等概念的形成和演变。这不仅可以让学生更好地理解概念的背景，还能激发学生对化学学科的兴趣，同时增强学生对化学知识体系的整体认识。

（八）教学效果分析

1. 知识与技能：学生掌握了氧化数和化合价的定义及其区别，了解其发展历程，并能运用规则确定元素的氧化数和化合价；学生能够准确计算氧化数，判断氧化还原反应中的电子得失，熟练运用离子电子法配平化学方程式，展现出将理论应用于实际问题的能力，达到教学目标。

2. 过程与方法：案例教学通过具体实例帮助学生将理论知识与实际情况相结合，提升理解力。问题引导式学习通过设问引导学生主动思考和探讨概念间的联系，培养学生的分析与推理能力。科学史教学法通过历史背景提升学生的兴趣和学科认知，使学生在理解知识的形成过程中更具深度和广度。三者结合，有助于提高学生的学习效果和参与度。

3. 情感态度与价值观：氧化数教学通过引入化学史人物及其贡献，激发学生对科学探索的热爱，培养他们严谨求实的科学精神。此外，结合跨学科思维的教学方式，促进学生在化学与物理等学科之间建立联系，增强他们面对复杂科学问题时的跨学科解决能力。

巧解金属分离之道
——探寻沉淀溶解现象中的平衡智慧

黄薇

- ➲ **教学内容**　沉淀的生成和溶解

- ➲ **课程性质**　专业基础必修课程

- ➲ **专　　业**　化学、化工及材料、药学等近源专业

- ➲ **授课对象**　大学一年级学生

- ➲ **本节内容思政元素融入简表**

章节	知识点	德育目标及德融教学概述	实现形式
第 5 章 第 2 节	沉淀的生成 和溶解	各种沉淀物的形态→化学是一门美丽的科学→学科美育 溶度积规则→水处理技术→趋利避害，更好地应用化学造福人类→专业认同 沉淀完全→辩证思维和科学态度 碳酸钙的形成→上海同步辐射光源装置→民族自豪感和自信心→个人前途命运和国家民族的前途命运紧密相连	混合课堂☑ 思维导图☑

- ➲ **本节内容蕴含的思政元素分析**

　　很多学生对化学的认知停留在枯燥的公式和复杂的反应上，其实化学中存在着如同画家调色盘般美丽的世界。为了激发学生对化学的兴趣，并使学生从化学现象中感受到美的存在，本节课特别设计了以沉淀反应为主题的美育环节，旨在通过观察沉淀物的颜色和形态，让学生感知化学之美、科学之美，从而激发学生对化学学科的热爱和探索精神。

　　例如，碘化铅（PbI_2）沉淀的形态如同金黄色的"小太阳"，氢氧化铜[$Cu(OH)_2$]絮状沉淀形似蓝色的云朵，氢氧化铁[$Fe(OH)_3$]红褐色沉淀仿佛秋天的枯叶。化学

不仅是解开物质结构奥秘的学科，更是一门充满美感的艺术。通过沉淀反应中的颜色和形态变化，学生能够更直观地感受到化学反应的奇妙与美丽。在这种审美体验中，学生不仅收获了知识，也提高了对美的感受力和对科学的兴趣。希望通过这样的课程设计，能够帮助学生在未来的学习中以更加积极的心态去探索化学世界，成为具备科学素养与美学情怀的全面发展的人才。

在这节课中，我们还可以通过溶度积规则引出水处理技术的应用。溶度积的概念不仅能在理论上帮助学生理解溶解度与沉淀平衡之间的关系，还能在实际生活中解释水垢的形成原因和防治策略。我们可以引导学生从化学知识中自主找到解决水垢问题的方法，例如使用软化水技术或添加适当的化学试剂来调控水中离子的浓度，从而防止水垢生成。

进一步地，我们将沉淀溶解知识与实际生活中及工业生产中的水处理联系起来，帮助学生认识到化学知识在趋利避害方面的实际作用。例如，在某些地区，地下水中的氟化物浓度超标，会导致氟骨症等健康问题。通过加入氯化钙（$CaCl_2$），可以使氟化物（F^-）与钙离子生成难溶的氟化钙（CaF_2）沉淀，从而降低水中的氟化物浓度，使其达到饮用水标准。

制药工业产生的废水通常含有残留的抗生素，这些抗生素直接排放到环境中会导致抗药性细菌的产生。通过添加钙盐（如氯化钙 $CaCl_2$），使抗生素与钙离子结合生成难溶的钙盐沉淀，再进行固液分离，从而降低废水中抗生素的含量。这种方法可以避免抗生素对环境和人类健康的危害。

在造纸工业中，白水系统中常含有钡离子（Ba^{2+}）和硫酸根离子（SO_4^{2-}），两者容易生成难溶的硫酸钡（$BaSO_4$）沉淀，导致管道堵塞和设备损坏。通过控制水中钡离子和硫酸根离子的浓度，或者在系统中引入竞争离子（如 Na^+）以形成可溶性的硫酸钠（Na_2SO_4），从而避免硫酸钡的沉淀和积聚。这种方法能显著降低设备维护成本，提升生产效率。

而在石油化工生产过程中，水处理也是一个至关重要的环节，良好的水处理能够有效防止设备腐蚀、结垢以及环境污染等问题。利用沉淀溶解平衡的知识，可以在石油化工生产中优化水处理工艺，减少对生产设备和环境的负面影响。例如，在催化裂化过程中，烟气脱硫产生的废水通常含有高浓度的重金属离子和硫酸盐。这些成分直接排放到环境中会造成严重污染。通过向废水中加入钡盐（如氯化钡 $BaCl_2$），可以使硫酸根离子与钡离子生成难溶的硫酸钡沉淀，再通过固液分离去除。此外，还可以通过调节 pH 和加入适量的碱性物质，使重金属离子生成氢氧化物沉淀，如氢氧化铁[$Fe(OH)_3$]和氢氧化铜[$Cu(OH)_2$]，进一步降低废水中的污染物浓度。通过这种方法，能够有效减少废水中的重金属和硫酸盐含量，保护环境。

　　这些联系不仅可以加深学生对化学知识的理解，还能够增强学生对自身专业的认同感，激发学生利用化学知识造福社会的热情。通过这样的课程思政设计，我们不仅能传授科学知识，更能培养学生解决实际问题的能力和社会责任感，使学生真正感受到化学学科对社会的贡献和价值。

　　而在科学家研究碳酸钙的形成过程中，上海同步辐射光源装置(图 4-1)发挥了至关重要的作用。这一世界领先的科研设施，不仅代表了我国在高端科研装备领域的突破，也展示了国家在科技创新方面的强大实力。通过使用这类大科学装置，科研人员能够揭示微观层面的物质结构变化，为科学前沿的探索提供坚实的技术支持。这体现了国家对基础科研的高度重视和投入，让学生们感受到只有依靠自主创新，才能在国际科技竞争中立于不败之地。这样的科研条件不仅提升了我国科学研究的整体水平，也激发了民族自豪感和自信心。同时，这也表明，科学家们的个人前途命运与国家科技实力的提升密切相关。通过这样的课程思政内容，引导学生认识到，科学研究不仅是为了个人的学术成就，更是为了推动国家和民族的发展。在追求科学真理的道路上，科学家们肩负着提升国家科技水平、增强民族自信心的使命。这将激励学生把个人理想融入国家和社会的需求中，把自身的发展与国家的命运紧密结合，为实现科技强国梦贡献自己的智慧和力量。

图 4-1　上海同步辐射光源园区鸟瞰图(左)和实验大厅内景(右)

➲　教案设计

一、教学目标

(一) 知识目标

1. 了解沉淀的生成和溶解过程对生产、生活的重要意义。

2. 掌握应用溶度积规则判断在给定条件下是否生成沉淀、沉淀是否溶解的方法。

3. 探究碳酸钙晶体的形成过程，了解无机离子寡聚体的概念。

（二）能力目标

1. 能够根据实验现象判断沉淀反应是否发生，并能设计简单实验验证沉淀的生成和溶解规律。

2. 能够运用溶度积常数进行相关计算，例如判断某物质是否会沉淀，沉淀的生成量和溶解量。

3. 能够综合运用沉淀生成与溶解的知识解决实际问题，如水质处理中的硬度去除、化学分析中的沉淀分离等。

（三）价值目标

1. 通过沉淀反应中的色彩和形态变化，体会化学反应的美感，培养科学审美情趣，激发学生对化学学习的兴趣和热情。

2. 了解沉淀反应在生活和生产中的应用，如废水处理中的重金属离子去除，提高学生对环境保护的认识。

3. 通过"碳酸钙结晶过程的暂停键"研究成果介绍，鼓励学生积极思考，培养学生对科学探究的兴趣和积极的学习态度，激发民族自豪感和自信心。

二、教学内容分析

（一）教学内容

1. 以硫化物、氢氧化物沉淀生成为例理解沉淀生成的条件。

2. 结合沉淀的生成过程，理解在 $CuSO_4$ 提纯过程中将 Fe^{2+} 先转化为 Fe^{3+}，以及去除 Fe^{3+} 时要调节溶液 pH 值在 3.5～4 左右的原因。

3. 以硫化物沉淀为例，理解沉淀溶解过程的关键因素。

4. 合理利用沉淀溶解度的差异分离溶液中的金属离子。

5. 拓展案例研究：结晶过程的"暂停键"。

（二）教学重点

1. 应用溶度积规则判断沉淀的生成和溶解过程。

2. 理解温度、pH 值、同离子效应等因素如何影响沉淀的生成和溶解。

（三）教学难点

1. 如何选择合适的条件来实现金属离子的分离。

2. 理解溶度积常数的定义，并能够进行复杂的计算和判断。

3. 理解无机离子寡聚体的概念。

（四）教学设计

采用知识拓展型的研究型课堂：翻转教学＋案例教学。

翻转教学：

课前：下达学习任务单，学生按照任务单要求在慕课平台自主学习相关资源，包括 MOOC 视频和参考文献，完成相应测试和讨论，自检学习效果。

课中：分析研讨具体案例；小组协作讨论；教师个别化指导；学生展示汇报；教师讲解重点难点；引入前沿，布置后续任务。

课后：课堂延伸，师生线上讨论，完成课程作业。

案例教学：

引入结晶过程的"暂停键"前沿研究案例——无机离子寡聚体作为碳酸钙形成的前驱体（*Nature*，2019，574：394-411.）。

课堂环节	时间	教师活动	学生活动	教材教具
导入/暖身 bridge-in	3.5分钟	教师联系生活中的实际——钡餐、锅炉结垢、珊瑚礁、结石等介绍沉淀的生成和溶解过程对生产、生活的重要意义	观看PPT、倾听、思考、讨论、师生交流	手机、电脑、投影仪、翻页笔
学习目标 objectives	0.5分钟	引出本节课的教学目标与要求	倾听	电脑、投影仪、翻页笔
课前摸底 pre-assessment	3分钟	布置慕课堂答题任务，讨论：根据硫化氢两步解离过程推导硫化氢溶液中硫离子平衡浓度的计算公式，拍照上传 布置课后慕课平台讨论区作业：推导碳酸溶液中，碳酸根离子平衡浓度的计算公式	练习、思考	手机、电脑
参与式学习 participatory learning	3分钟	互动设计1：以金属硫化物为例，通过具体例题分析沉淀的生成过程	自由讨论、学生展示、教师总结	电脑、投影仪、白板
	2分钟	互动设计2：师生交流，明晰定性分析中"沉淀完全"的概念	师生讨论交流	电脑、投影仪、翻页笔

续表

课堂环节	时间	教师活动	学生活动	教材教具
参与式学习 participatory learning	4分钟	互动设计3： 师生讨论，通过具体例题理解沉淀完全的概念，并共同得出结论：金属离子氢氧化物沉淀不一定要在碱性条件下进行；金属离子开始沉淀和沉淀完全的 pH 取决于金属离子氢氧化物溶度积常数	自由讨论、学生讲解、师生交流	电脑、投影仪、翻页笔、白板
	11.5分钟	互动设计4： 研究性学习。以硫酸铜的提纯实验为例，提出问题：粗硫酸铜中含有不溶性杂质和可溶性杂质离子 Fe^{2+} 和 Fe^{3+} 等，不溶性杂质可用什么方法去除？Fe^{2+} 和 Fe^{3+} 如何去除	自由讨论、教师辅导、学生讲解、教师总结	电脑、投影仪、翻页笔
	2.5分钟	互动设计5： 师生讨论，为什么金属硫化物的溶解性相差那么大	师生讨论交流	电脑、投影仪、翻页笔
	2.5分钟	互动设计6： 根据化学平衡的知识，推导金属硫化物溶于酸过程的标准平衡常数	自由讨论、学生讲解、教师总结	电脑、投影仪、翻页笔
	2.5分钟	互动设计7： 布置慕课堂讨论2，为什么 MnS(s)溶于 HCl，CuS(s)不溶于 HCl？拍照上传。并布置课后慕课平台讨论区推导作业：计算硫化锰溶解在醋酸中的标准平衡常数	学生思考、师生交流	电脑、手机、投影仪、翻页笔
	4.5分钟	互动设计8： 通过具体例题引导学生理解不同金属硫化物溶解性不同 例题：现有 0.1mol ZnS 沉淀，问需要 1L 多大浓度的盐酸才能使其溶解？若是硫化汞沉淀，情况怎样	学生思考讨论、学生讲解、教师总结	电脑、手机、投影仪、翻页笔
	7分钟	互动设计9： 通过"无机离子寡聚体"这篇文献介绍成核结晶的具体过程（*Nature*，2019，574，394-411.）	教师讲解、学生思考、师生交流	电脑、投影仪、翻页笔

续表

课堂环节	时间	教师活动	学生活动	教材教具
课后测验 post-assessment	1分钟	线上互动设计：完成 MOOC 平台三个讨论：1. 推导碳酸溶液中碳酸根离子平衡浓度计算公式；2. 推导硫化锰溶于醋酸过程的标准平衡常数；3. 三乙胺封端的原因	学生思考、练习、复习，师生线上讨论交流	电脑
课堂小结 summary	0.5分钟	1. 掌握好、应用好这部分原理，对生活、生产大有裨益；2. 国家兴旺是科学研究的重要保障	教师总结、学生思考	电脑

（五）教学过程

1. 导入

化学是一门充满魅力的学科，那精妙绝伦的微观结构和令人惊叹的沉淀反应无不展示着它的无穷奥秘。通过高清摄像机，我们可以清晰地观察到沉淀物的色彩和形态之美，让学生更直观地感受到化学的独特魅力与迷人风采。上节课我们学习了沉淀溶解平衡，了解了溶度积规则。根据溶度积规则，我们能判断在给定条件下，溶液中的离子是生成沉淀，还是沉淀溶解？在实际应用中，溶度积规则对生产、生活都有重要的意义。请同学举例说明，师生共同讨论。

化学不仅是一门美丽的学科，更是一门有用的学科。理解溶度积规则，学习沉淀溶解相关知识，就能趋利避害，更好地应用化学造福人类。通过这节课的学习，学生能够灵活运用溶度积规则判断在给定条件下是否生成沉淀、沉淀是否溶解；能够根据具体问题要求，举一反三，控制沉淀的生成和溶解，实现金属离子的分离。

（课程思政　化学不仅充满魅力而且实用，我们能将其应用于生活和生产，实现趋利避害、造福人类的目标。科学发展离不开国家的支持与繁荣，通过本节课学习，激励学生将科学知识与社会责任相结合，用化学的智慧服务社会，为国家发展贡献力量。）

2. 课前测

发布慕课堂讨论：根据硫化氢两步解离过程推导硫化氢溶液中硫离子平衡浓度的计算公式。

师生共同分析推导过程，重点引导学生理解硫化氢平衡浓度的处理方法。并布置课后作业：请在 MOOC 平台讨论区推导碳酸溶液中碳酸根离子平衡浓度的计算公式。

3. 沉淀的生成

(1) 以硫化物为例，通过例题讲解沉淀的生成过程。

在 0.30mol/L HCl 溶液中含有 0.10mol/L Cd^{2+}，室温下通入 H_2S 至饱和，此时是否有 CdS 沉淀生成？[已知：$K_{a1}^{\ominus}=1.07\times10^{-7}$，$K_{a2}^{\ominus}=1.26\times10^{-13}$，$K_{sp}^{\ominus}(CdS)=8.0\times10^{-27}$]

教师需要强调沉淀完全的标准。由于沉淀溶解平衡的存在，溶液中或多或少都会有待沉淀的离子。一般情况下，在定性分析中认为当残留在溶液中的某种离子浓度小于 10^{-5} mol/L 时，就已沉淀完全。

（课程思政 "沉淀完全"并不意味着溶液中完全没有这种物质，而是根据科学标准来判断是否达到了可以接受的程度。这反映了辩证的科学思维方式，既要追求精确，又要懂得适当取舍，培养学生在学习和生活中既坚持原则又具备灵活应对的能力。）

(2) 以氢氧化物为例，通过例题分析金属离子沉淀的条件。

师生共同分析这道例题：加入溶液中 Fe^{3+} 的浓度为 0.010mol/L，求①开始生成 $Fe(OH)_3$ 沉淀的 pH；②沉淀完全的 pH。已知 $K_{sp}^{\ominus}[Fe(OH)_3]=2.64\times10^{-39}$。

引导学生理解，金属离子氢氧化物沉淀不一定要在碱性条件下进行。从上述例题的计算可知：铁离子氢氧化物开始沉淀和沉淀完全是在酸性环境中发生的。

(3) 结合硫酸铜提纯实验，从定量的角度理解通过控制溶液 pH 值实现金属离子的分离。

粗硫酸铜中含有不溶性杂质和可溶性杂质离子 Fe^{2+} 和 Fe^{3+} 等。不溶性杂质用过滤方法去除。对于 Fe^{2+} 和 Fe^{3+}，加入双氧水，将亚铁离子氧化成铁离子，然后调节 pH 到酸性使杂质金属离子生成沉淀分离出去(图 4-2)。课堂要求学生通过计算说明为什么在实验过程中将溶液的 pH 值调节在 3.5～4.0 左右？

冷却至室温，至硫酸铜晶体析出

图 4-2 粗硫酸铜提纯实验

4. 沉淀的溶解

(1) 认识金属硫化物溶解性的差异。

大部分金属离子都能和硫离子形成颜色各不相同的沉淀，不同沉淀物的溶度积常数相差也很大(表 4-1)。按照金属硫化物的溶解性，这些沉淀可以分成三类：第一类溶于水，包括硫化钠、硫化钾和硫化钡；第二类不溶于水、但溶于稀盐酸，像肉色的硫化锰、黑色的硫化亚铁和硫化镍、白色的硫化锌；第三类不溶于水、也不溶于稀盐酸，包括棕色的硫化锡，黄色的硫化镉，黑色的硫化铅、硫化铜和硫化银。为什么有些硫化物不溶于水，但可以溶于稀酸呢？根据第二章化学平衡的知识，师生共同推导金属硫化物溶于酸过程的标准平衡常数的公式。

表 4-1　部分金属硫化物的颜色和溶解性

溶于水的硫化物		不溶于水、溶于稀盐酸的硫化物		不溶于水和稀盐酸的硫化物	
化学式	$K_{sp}^{\ominus}$	化学式	$K_{sp}^{\ominus}$	化学式	$K_{sp}^{\ominus}$
Na$_2$S(白色)	—	MnS(肉色)	2.5×10^{-10}	SnS(棕色)	1.0×10^{-25}
K$_2$S	—	FeS(黑色)	6.3×10^{-18}	CdS(黄色)	8.0×10^{-27}
BaS	—	α-NiS(黑色)	3.2×10^{-19}	PbS(黑色)	8.0×10^{-28}
		β-ZnS(白色)	2.5×10^{-22}	CuS(黑色)	6.3×10^{-36}
				Ag$_2$S(黑色)	6.3×10^{-50}
				HgS(黑色)	4.0×10^{-53}

慕课堂小练习：为什么 MnS(s) 溶于 HCl，CuS(s) 不溶于 HCl？

布置课后练习：硫化锰不仅溶于盐酸，在醋酸中也能溶解，溶解过程的平衡常数表达式：$K^{\ominus} = \dfrac{K_{sp}^{\ominus}(\text{MnS})\left[K_a^{\ominus}(\text{HAc})\right]^2}{K_{a1}^{\ominus}(\text{H}_2\text{S})K_{a2}^{\ominus}(\text{H}_2\text{S})}$，请学生课后将推导过程上传到中国大学 MOOC 平台讨论区。

（2）通过例题理解沉淀溶解过程。

现有 0.1mol ZnS 沉淀，问需要 1L 多大浓度的盐酸才能使其溶解？如果是硫化汞沉淀，情况又会怎样？

分组讨论，展示汇报。

5. 拓展案例：结晶过程的"暂停键"　(*Nature*, 2019, 574:394-411.)

无论是石灰石溶洞还是肾结石，它们的形成过程都涉及成核和结晶的现象。这两者的晶体生长过程背后隐藏着相同的微观奥秘：溶质如何从离子状态逐步转变为成核结晶？这一过程中间状态究竟是怎样的呢？例如，蒸发硫酸铜溶液时，会析出五水合硫酸铜的小晶体；加热浓盐水时，会出现氯化钠的小颗粒。这些都是常见的结晶现象。然而，成核和结晶的具体微观过程仍然不为人们所完全了解。

在实验室中，常见的氯化银和碳酸钙通常以微米级的粉末形式存在。为了合成化合物单晶，实验室通常采用过饱和溶液的结晶方法，但通常只能获得微小的晶体，很难形成大块单晶。图 4-3 展示了我们在实验室耗费一周时间生长出的化合物单晶形貌。每个立方体晶体的尺寸仅约 0.5mm，这是通过扫描电子显微镜拍摄的形貌图。

2019 年，浙江大学的研究团队在"暂停"结晶过程的实验中成功"捕获"了一种特殊的初始产物——无机离子寡聚体。寡聚体能够像高分子材料一样交联聚合，形成连续的大块无机材料。他们利用这种方法在实验室中快速制备出厘米级的大块碳酸钙晶体，并且这些碳酸钙材料具有很强的可塑性，可以像塑料一样根据模具形状生长成各种形态。这种新方法制备的材料结构致

图 4-3　Fe₁₄ 单晶形貌图

密且连续，在 3D 打印和材料修复等领域展现出广阔的应用前景。相关研究成果于 2019 年发表在 *Nature* 杂志上（*Nature*，2019，574：394-411.）。

结合文献，师生讨论以下问题：

（1）什么是寡聚体呢？

（2）实验过程中如何去除三乙胺分子，实现寡聚体的聚合交联？

（3）这项研究成果的应用体现在哪些领域？

（课程思政　在本实验中，我们能够"看到"无机碳酸钙通过聚合方式转化为材料，这要归功于我国建设的上海同步辐射装置。没有这一设施，此类研究将难以进行。国家的繁荣是科学研究的重要支撑，为我们提供了更多的资源和机遇。）

（六）课外思考题

1. 将沉淀溶解知识与实际生活和工业生产中的水处理联系起来，请举出化学知识在趋利避害方面的实际作用实例。

2. 添加阻垢剂是最简便、有效的结垢控制方法。请学生课后阅读文献"有机膦阻垢剂抑制碳酸钙垢的作用机制：巡弋作用和空间匹配性"（*Powder Technology*，2024，438：119622.），线上讨论螯合剂 EDTA 作为分析 Ca^{2+} 的络合剂，对 $CaCO_3$ 垢的抑制效果明显低于有机膦阻垢剂的原因。

（七）教学策略

1. 结合实验：通过设计简单的沉淀反应实验，如银盐沉淀的生成和溶解，配合物的转化，帮助学生直观理解沉淀生成和溶解的过程。

2. 强化计算：针对溶度积常数的计算和比较，多作练习，帮助学生掌握

基本的计算方法和应用技巧。

3. 情境教学：将沉淀反应与实际生活和生产中的应用联系起来，如水质净化、分析化学中的离子鉴定等，让学生感受到知识的实际价值和应用。

4. 分层教学：通过慕课平台及线上线下结合的方式，根据学生不同的学习水平，提供分层次的学习任务。对于学习能力较强的学生，提供更具挑战性的任务和深入讨论的机会，进一步拓展他们的学习深度。

（八）教学效果分析

1. 知识与技能：学生能够更好地理解物质的溶解度、沉淀生成的条件以及溶解平衡的概念；能够判断溶液中是否会产生沉淀，或者已生成的沉淀是否会溶解；学会如何通过调整溶液中的离子浓度，控制沉淀生成或溶解，从而达到金属离子的分离与提纯等实际应用效果。

2. 过程与方法：教师通过设计问题引导学生理解科学探究过程，例如在何种条件下会生成或溶解沉淀。这种过程帮助学生掌握科学探究的基本步骤，包括观察、假设、实验验证、分析数据等，有助于培养学生的科学探究意识和解决问题的能力。通过沉淀溶解的实验和计算练习能够促进学生的自主学习与合作探究。另外，学生需要根据溶度积规则进行定量计算，通过判断确定是否会生成沉淀。这一过程培养了学生数据分析和逻辑推理的能力，让他们在解决实际问题时，能够应用数学工具分析化学现象。

3. 情感态度与价值观：通过本节内容理解本质、理论推导、定量计算、实验验证、小组讨论、联系实际的教学，学生不仅在知识上有所提升，也在情感和品格上得到锻炼与升华，形成了科学求实、合作共赢、负责任和理性思考等重要的情感态度与价值观，达到全面育人的教学效果。

铁的双重礼赞：从生命之源到文明之基
——铁系元素及其重要化合物

黄薇

⟳ **教学内容** 铁系元素

⟳ **课程性质** 专业基础必修课程

⟳ **专　　业** 化学、化工及材料、药学等近源专业

⟳ **授课对象** 大学一年级学生

⟳ **本节内容思政元素融入简表**

章节	知识点	德育目标及德融教学概述	实现形式
第 12 章 第 5 节	铁元素	铁系元素→"钢铁大国"到"制造强国"→工业化进程，为"中国制造 2025"战略贡献力量 铁、钴→生命体必需的微量元素→含量虽低，作用关键→个人在社会中的责任感 维生素 B_{12} 的结构解析→科学家们面对复杂问题时的勇气、毅力和不懈追求→合作共赢→科学精神 钴→稀缺资源、战略资源→可持续发展	混合课堂☑ 思维导图☑

⟳ **本节内容蕴含的思政元素分析**

　　铁元素不仅在生命体内，更在人类文明的进程中扮演了不可或缺的角色，这充分彰显了铁元素在微观与宏观世界中的多重价值。

　　虽然铁在生物体内的含量很少，但它在维持生命功能方面起着极其重要的作用。例如，铁在血红蛋白中承担着携氧的任务。生物体内存在一种被称为氧载体的物质，能够与分子氧进行可逆配位结合，负责将氧储存或运送到需要氧气的组织。目前已知的天然氧载体包括血红蛋白、肌红蛋白、蚯蚓血红蛋白、血蓝蛋白和血钒蛋白。其中，前三者为含铁氧载体，血蓝蛋白是含铜氧载体，而血钒蛋白则主要存在于海鞘血球中。因此，正是铁元素赋予了血液捕获氧气的能力，使得

血液能够将氧气运输到身体各个需氧部位。

血红蛋白（hemoglobin，Hb）负责运输氧气，而肌红蛋白（myoglobin，Mb）则负责储存氧气。血红蛋白和肌红蛋白是最早被研究的金属蛋白，且在 1961 年首次通过 X 射线衍射晶体结构分析得到了它们的三维空间结构。血红蛋白由 4 个亚基组成，肌红蛋白则只有 1 个亚基。每个亚基都含有一个血红素辅基，氧分子的可逆结合正是发生在血红素辅基上，这些辅基构成了这些蛋白质的活性中心。血红素（heme）是铁与卟啉衍生物形成的配合物的总称，卟啉铁（Ⅱ）配合物的生物功能因金属离子的氧化态、环上取代基和轴向配体的不同而有所变化。

钴也是生命必需的微量元素之一，其在生命体中的一种重要形式是维生素 B_{12}（钴胺素），这是钴（Ⅲ）与咕啉形成的配位化合物，也是唯一一种含有金属元素的维生素。维生素 B_{12} 在许多生物化学过程中起到重要的催化作用，能够促进红细胞的成熟，是治疗恶性贫血的特效药。1948 年，科学家首次从肝脏提取物中分离出活性成分，随后通过细菌发酵生产维生素 B_{12}。化学家们认为，直接用化学方法合成这种复杂分子极具挑战性，因为这需要对维生素 B_{12} 的分子结构有深入的了解。由于其分子结构复杂，利用常规的 X 射线单晶衍射分析法来测定其结构非常困难。然而，牛津大学的多萝西·霍奇金（图 5-1）及其团队在 1955 年 8 月的《自然》杂志上首次报道了维生素 B_{12} 的结构，并在之后对其进行了修正。这项研究是霍奇金获得 1964 年诺贝尔化学奖的关键成果。维生素 B_{12} 中原子位置的确定，为美国和瑞士的化学家在 1965～1972 年间成功合成这种化合物奠定了基础。多萝西·霍奇金作为结构生物学的奠基人之一，是一位杰出的女性科学家。

铁、钴等微量元素对生命体的功能是不可替代的，这可以与个人在社会中的责任感相呼应。无论职位高低，个人在社会中都承担着独特的责任，引导学生明白无论角色大小，都应勇敢担当，贡献自己的力量。

铁元素和钴元素的研究历程，特别是维生素 B_{12} 的结构解析，展示了科学家们面对复杂问题时的勇气、毅力和不懈追求的精神。这种追求真理的精神和对知识的不断探索，体现了科学家们为推动人类进步所付出的巨大努力。这种精神值得在教学中弘扬，引导学生树立科学探索精神，培养他们解决问题的能力和科学素养。

图 5-1　多萝西·霍奇金

维生素 B_{12} 的发现和合成是多国科学家长期合作的成果，展现了跨国界的科研力量和国际科学界共同努力应对人类健康问题的合作精神，体现了全球化背景下合作共赢的理念，可以在教学中引导学生理解和重视国际合作的重要性。

铁在人类文明发展中的重要性可以追溯到公元前的铁器时代。中国在春秋战国时期开始掌握冶铁技术，并在战国至秦汉时期迅速发展。铁制农具、建筑工具和武器为国家的经济和军事提供了强大的支撑，推动了封建社会的发展；18世纪的工业革命彻底改变了人类社会，而铁则是这一变革的核心材料。英国发明了用焦炭代替木炭炼铁的技术，大大提高了铁的生产效率。蒸汽机和铁路的发展依赖于大量的钢铁，钢铁的应用从桥梁、船只到建筑无处不在，奠定了现代工业文明的基础。随着技术的进步，铁及其合金（如钢）继续在人类社会中发挥关键作用。现代建筑、交通运输、机械设备和基础设施建设都离不开钢铁。钢铁工业的发展是许多国家工业化和现代化的标志。可以说，从铁器时代到现代工业（图5-2），铁一直是人类文明发展的重要基石。它不仅为生产力的提升提供了工具，也推动了社会结构、经济模式和国际关系的转型。同时，在铁矿石开采过程中必须高度重视其对环境的影响，特别是在工业废水处理中，铁系元素的存在及其排放对水体生态具有潜在危害。

图5-2   从铁器时代到现代工业

钴作为稀缺资源，广泛应用于高科技产业，如电池生产、可再生能源、硬质合金、磁性材料、航空航天等领域。通过钴的稀缺性，引导学生树立资源节约意识，合理开发与利用资源，增强对可持续发展的责任感，为社会的长远发展作贡献。

随着科技的进步，中国正在向高端制造业迈进，将创新技术与传统钢铁产业相结合，实现智能制造和绿色生产。铁系元素作为工业发展的核心材料，推动了中国从"钢铁大国"向"制造强国"转型升级，为"中国制造2025"战略贡献力量。

➲ 教案设计

一、教学目标

（一）知识目标

1. 了解铁系元素的发现过程、物理性质、化学性质，掌握这些元素的常见化合物及其化学反应。

2. 了解铁系元素及其化合物在工业、冶金、生物、医疗等领域的重要应用。

3. 认识铁系元素的生理功能，例如铁在血红蛋白中的氧气运输功能和钴在维生素 B_{12} 中的关键作用。

（二）能力目标

1. 通过分析铁系元素在实际应用中的问题，如铁锈的防护等，提升学生的分析问题和解决问题的能力。

2. 将铁系元素与材料科学、生命科学、环境科学等学科联系起来，培养学生跨学科思维，提升学生将化学知识应用于多领域的综合能力。

（三）价值目标

1. 培养爱国情怀与社会责任感：通过了解铁系元素在中国工业、国防和经济发展中的关键作用，激发学生的民族自豪感和社会责任感。

2. 树立可持续发展的价值观：通过讨论铁矿、钴矿资源的有限性和绿色冶金技术，增强学生的环保意识，帮助他们树立可持续发展的价值观。

3. 推动科学发展与社会进步：通过讨论铁系元素在生物学领域的关键作用，引导学生认识到科学技术对社会发展的推动力，激发他们以科学和技术贡献服务国家与社会的理想。

二、教学内容分析

（一）教学内容

1. 铁系元素的基本概述。
2. 铁系元素的物理性质。
3. 铁元素的化学性质。
4. 钴、镍元素的化学性质。

5. 铁系元素的生物学功能。

6. 铁系元素的工业应用。

（二）教学重点

1. 铁系元素的氧化物和氢氧化物。

2. 铁系元素常见配合物的结构与性质。

3. 变色硅胶原理、镍离子的检验。

（三）教学难点

1. 铁普鲁士蓝配合物的电子结构与性质。

2. 铁在生物中的关键作用。

3. 钴在维生素 B_{12} 中的作用。

（四）教学设计

课堂环节	时间	教师活动	学生活动	教材教具
导入/暖身 bridge-in	2分钟	由一块墨西哥陨石引出铁系元素	观看 PPT、倾听	电脑、投影仪、翻页笔
学习目标 objectives	1分钟	教师介绍这次课的学习目标	倾听、思考	电脑、投影仪、翻页笔
参与式学习 participatory learning	4分钟	铁系元素的发现过程（教师提前布置线上预习任务）、不同氧化态铁化合物的介绍	倾听、慕课堂随机点名、学生讲解	电脑、投影仪、翻页笔
	3分钟	介绍铁系元素的零氧化态或负氧化态的化合物（主要介绍羰基化合物）	倾听、思考、慕课堂随堂练习	手机、电脑、投影仪、翻页笔
	5分钟	+2氧化态铁化合物的性质介绍（氧化物、氢氧化物等）	倾听、思考、师生交流	电脑、投影仪、翻页笔
	4分钟	讲解第一例人工制得的混合价化合物：普鲁士蓝	倾听、思考、慕课堂练习	手机、电脑、投影仪、翻页笔
	4分钟	简单介绍 Fe(II)配合物的磁学性质	师生交流、知识点回顾、慕课堂练习	手机、电脑、投影仪、翻页笔

课堂环节	时间	教师活动	学生活动	教材教具
参与式学习 participatory learning	3分钟	介绍氧化数为 +1 的钴金属有机化合物：四三甲基膦合钴正离子 $[Co(PMe_3)_4]^+$ 介绍颜色丰富多彩的钴无水卤化物——变色硅胶	倾听、思考、师生交流	电脑、投影仪、翻页笔
	5分钟	介绍常见的钴配合物：$[Co(NH_3)_6]^{2+}$、$[Co(NH_3)_6]^{3+}$、$[Co(CN)_6]^{3-}$、$[Co(SCN)_4]^{2-}$、$[Co(CO)_4]$	师生交流、慕课堂练习	电脑、投影仪、翻页笔
	2分钟	介绍镍的氧化物、氢氧化物、配合物——镍离子的检测	倾听、思考	电脑、投影仪、翻页笔
	5分钟	以血红蛋白、维生素 B_{12} 为例介绍铁系元素生物学功能	倾听、思考	电脑、投影仪、翻页笔
	5分钟	以钢铁工业为例介绍铁系元素的工业应用	讨论、交流	电脑、投影仪、翻页笔
课堂小结 summary	2分钟	总结本节课程内容，铁系元素在微观与宏观世界中具有多重价值应用——从生命之源到文明之基。 应用中国大学慕课平台布置课后讨论	思考、讨论、理解	电脑、投影仪、翻页笔

（五）教学过程

1. 导入

在自然界，游离态的铁只能从陨石中找到，分布在地壳中的铁都以化合物的状态存在，铁的主要矿石有赤铁矿 Fe_2O_3、磁铁矿 Fe_3O_4、褐铁矿 $2Fe_2O_3 \cdot 3H_2O$、菱铁矿 $FeCO_3$、黄铁矿 FeS_2（图 5-3）。

图 5-3　铁陨石及铁矿石

学生回顾高中知识点：铁单质及其化合物的物理、化学性质。

在周期表中，第ⅧB族是特殊的一族，包括四、五、六三个周期3个直列共9种元素：铁(iron)、钴(cobalt)、镍(nickel)、钌(ruthenium)、铑(rhodium)、钯(palladium)、锇(osmium)、铱(iridium)、铂(platinum)。受镧系收缩的影响，尽管这九种元素也存在直列相似性（像铁、钌、锇），但横行元素性质的相似性超过直列元素。因此把铁、钴、镍三个元素称为铁系元素(ferrous elements)，其余六个元素统称为铂系元素(platinum elements)。铂系元素和金、银一起称为贵金属(noble metal)。

简要介绍本节课的教学目标。

2. 铁系元素的发现过程

铁元素是人类在长期发展中逐步认知和应用的。公元前4000年左右，古埃及人使用陨铁制作饰品和宗教器具。铁器时代的来临，人类从铁矿石中提炼出金属铁，用于制作工具和武器。公元前8世纪左右，中国、印度、希腊等文明逐渐掌握了高温冶铁的技术。

1753年，瑞典化学家格·布兰特(G. Brandt)从辉钴矿中分离出一种灰色金属，这是较高纯度的金属钴。1780年，瑞典化学家伯格曼(T. Bergman)成功制备出纯钴，并确定其为金属元素。1789年，拉瓦锡首次将钴列入元素周期表。实际上，人类使用钴矿石已有数千年历史。在中国唐朝时期，彩色瓷器唐三彩中的蓝色正是由含钴化合物制成的。较为重要的钴矿物包括辉钴矿($CoAsS$)、砷钴矿($CoAs_2$)和硫钴矿(Co_3S_4)。

1751年，瑞典化学家克朗斯塔特(A. F. Cronstedt)在斯德哥尔摩通过木炭还原红砷镍矿时首次发现并命名了镍。事实上，人类使用镍的历史非常悠久。早在2000年前，中国就已经开始使用铜镍合金——白铜。

3. 常见的铁化合物

铁的常见氧化态为+2、+3，最高氧化态为+6，还有少量氧化态为+5、+4的铁，还有氧化态为0、-2(0、-2为低氧化态)的铁。

(1) 零氧化态和负氧化态铁化合物

零氧化态或负氧化态铁主要是羰基化合物，像五羰基合铁中铁的氧化态为0，分子是三角双锥结构。羰基化合物的熔沸点一般都比常见的相应金属化合物低，容易挥发，受热易分解成金属和一氧化碳，也可以利用这类反应分离和提纯金属。

(2) +2氧化态铁化合物

+2氧化态是铁元素最常见的氧化态，过去人们称+2氧化态的铁为ferrous，

+3 氧化态的铁为 ferric。+2 氧化态的铁，氧化物有黑色的氧化亚铁，氢氧化物有白色的氢氧化亚铁。

强调：当 $Fe(OH)_2$ 从溶液中析出时，通常无法得到纯净的 $Fe(OH)_2$。只有在彻底排除溶液中的氧气后，才有可能获得白色的 $Fe(OH)_2$。因为 $Fe(OH)_2$ 容易被空气中的氧气氧化，先变为绿色，最终转化为红棕色的水合氧化铁 $Fe_2O_3 \cdot nH_2O$，一般仍以 $Fe(OH)_3$ 的形式表示。此外，氢氧化亚铁可以溶解于酸中，而在浓氢氧化钠溶液中，则会析出蓝绿色的六羟基合亚铁酸钠 $Na_4[Fe(OH)_6]$ 晶体。

+2 氧化态的铁、钴和镍在性质上具有一定的相似性。例如，它们的硫酸盐 $M(II)SO_4 \cdot 7H_2O$ 含有 7 个结晶水；硝酸盐和氯化物，即 $M(II)(NO_3)_2 \cdot 6H_2O$ 和 $M(II)Cl_2 \cdot 6H_2O$ 通常含有 6 个结晶水。这些金属的碳酸盐、磷酸盐和硫化物等弱酸盐在水中难以溶解。亚铁离子的硫酸盐可以与碱金属或铵的硫酸盐形成复盐，如硫酸亚铁铵 $(NH_4)_2Fe(SO_4)_2 \cdot 6H_2O$，通常称为莫尔盐。莫尔盐相对稳定，是分析化学中常用的还原剂，常用于标定重铬酸钾和高锰酸钾溶液。

黄色晶体 $K_4[Fe(CN)_6] \cdot 3H_2O$，俗称黄血盐。当黄血盐溶液被氯气或双氧水氧化时，生成 $[Fe(CN)_6]^{3-}$ 溶液，进而可以析出红色的 $K_3[Fe(CN)_6]$ 晶体，俗称赤血盐。

（3）第一例人工制得的混合价化合物——普鲁士蓝

向 Fe^{3+} 溶液中加入少量 $[Fe(CN)_6]^{4-}$，会生成难溶的蓝色沉淀 $KFe[Fe(CN)_6]$，俗称普鲁士蓝（prussian blue）（图 5-4）。普鲁士蓝是首例人工合成的混合价化合物，该反应常用于鉴别 Fe^{3+} 的存在。类似地，向 Fe^{2+} 溶液中加入少量 $[Fe(CN)_6]^{3-}$，会生成难溶的蓝色沉淀 $KFe[Fe(CN)_6]$，俗称滕氏蓝（turnbull blue），这是鉴别 Fe^{2+} 的敏感反应。X 射线衍射证明，滕氏蓝与普鲁士蓝具有相同的晶体结构。它们的晶胞结构可以表示为 $KFe[Fe(CN)_6]$ 的 1/8 晶胞

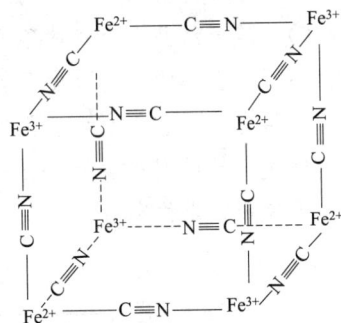

图 5-4 普鲁士蓝

图。Fe(II) 位于立方体的四个互不相邻的顶点，Fe(III) 位于另一组互不相邻的四个顶点，CN^- 位于立方体的十二条棱上，而 K^+ 占据立方体的体心位置。每个晶胞内有 4 个钾离子，分别占据四个小立方体的体心位置。

（4）Fe(Ⅱ) 配合物的磁学性质

结合晶体场理论，回顾 Fe(Ⅱ) 自旋交叉配合物的相关内容。自旋交叉现象通常出现在 d^6 配位金属离子中，例如 Fe(Ⅱ)，在不同温度下，Fe(Ⅱ)配合物可能处于高自旋或低自旋状态。在高温下，Fe(Ⅱ)自旋交叉配合物通常以高自旋状态存在，而在低温下则可能发生自旋转变，部分或全部转变为低自旋状态。

课堂交流：对于化合物 $Fe(ptz)_{62}$(ptz=1-丙基四唑)，在高温下其结构中的四个亚铁离子都处于高自旋状态，而在低温条件下，其中两个亚铁离子转变为低自旋状态，并且这两个亚铁离子相邻。问题：作者可以利用哪些手段判断发生自旋转变的亚铁离子处于相邻位置，而不是对位呢？

4. 常见的钴化合物

钴元素具有多种氧化态，其中，氧化态为 +2 的灰色氧化钴和氧化态为 +3 的褐色三氧化二钴是较为常见的形式。氧化态为 +1 的钴主要存在于金属有机化合物中，例如，$[Co(PMe_3)_4]^+$（四三甲基膦合钴正离子）是一种典型的四面体结构，其中钴原子位于四面体的中心，而三甲基膦基团位于四面体的顶点。氧化态为 +4 的钴则极为罕见，通过在 570K 下混合 CsCl 和 $CoCl_2$ 可以得到黄色配合物六氟合钴酸铯（$Cs_2[CoF_6]$），在此配合物中，钴的氧化态为 +4。

钴的无水卤化物具有丰富的颜色，例如，CoF_2 呈粉红色，$CoCl_2$ 呈蓝色，$CoBr_2$ 呈绿色，CoI_2 则为黑色。在实验室中，最常见的钴化合物是氯化钴（Ⅱ）。随着结晶水数量的不同，氯化钴的颜色也会发生变化。下图展示了氯化钴不同水合态的转变温度及其特征颜色（图 5-5）。蓝色的无水氯化钴能够吸收水分转变为红色的水合氯化钴，基于这一特性，人们将其掺入硅胶中制作硅胶干燥剂。干燥剂在烘干后呈蓝色，吸水后逐渐变为粉红色，指示其吸水饱和。当干燥剂吸水饱和后，可以通过在 120℃ 下加热烘干使其重新变为蓝色，重复使用。

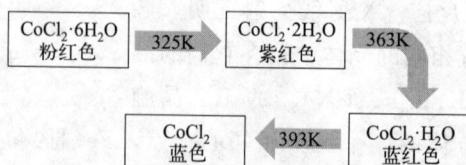

图 5-5　氯化钴变色硅胶的颜色变化示意图

5. 常见的镍化合物

镍元素有 +2 氧化态的绿色氧化物 NiO 和绿色氢氧化物 $Ni(OH)_2$。氢氧化镍在空气中不会被氧化，但在 $NaOH$ 介质中，利用溴氧化硝酸镍可以得到黑色的镍酰氢氧化物 $NiO(OH)$，其中镍的氧化态为 +3。这种化合物可以被视为氢氧化镍的不完全脱水产物，是一种非常强的氧化剂。镍的水合盐晶体多呈绿色，例如 $NiCl_2 \cdot 6H_2O$、$NiSO_4 \cdot 7H_2O$ 和 $Ni(NO_3)_2 \cdot 6H_2O$。此外，Ni^{3+} 在水溶液中不存在，因为它会将水分子氧化。然而，Ni^{3+} 可以在少数配合物中稳定存在。例如，紫色的 $K_3[NiF_6]$ 中六氟合镍离子呈拉长的八面体构型，黑色固体 $[NiBr_3(PEt_3)_2]$ 中的镍则为五配位，具有三角双锥结构，3 个溴位于底面的 3 个顶点，顶点由三乙基膦占据。在这些有机分子与镍形成的配位键中，不仅涉及磷原子的孤对电子向过渡金属的空轨道提供电子形成 σ 键，还涉及过渡金属的电子向磷的空 d 轨道反馈，形成 d-π 配键。

镍离子特征鉴定反应：镍离子的特征鉴定反应是通过与丁二酮肟（DMG）反应来实现的。在这一反应中，镍离子与丁二酮肟形成一种特有的鲜红色螯合物，即二丁二酮肟合镍沉淀。该反应不仅灵敏而且具有高度选择性，生成颜色鲜明且易于观察的沉淀，为镍离子的鉴别提供了简便而有效的方法，被广泛应用于化学分析和工业检测中。

6. 拓展内容——铁系元素的生物学功能

卟啉铁（Ⅱ）配合物的生物功能受金属离子的氧化态、卟啉环上的取代基以及轴向配体的影响。其中，轴向配体的种类和配位方式对其生物功能尤为关键。由于铁（Ⅱ）的最高配位数为 6，它在与卟啉环的 4 个氮原子配位后，仍有两个轴向配位点。这两个空位可以被蛋白质的氨基酸或小分子占据。

当其中一个轴向配位点由氨基酸占据，另一个空位可用于结合氧分子。例如，在血红蛋白中，这使得卟啉铁（Ⅱ）能够起到氧运输的作用。如果卟啉铁（Ⅱ）的一个轴向配位点被氨基酸占据，另一个配位点被水分子占据，水分子的配位能力较弱，因此可以被其他分子取代。若铁（Ⅱ）在取代过程中保持高自旋状态，它能够活化新的物种，从而展现催化功能，类似于酶的特性。然而，若两个轴向配位点均由蛋白质的氨基酸占据，铁（Ⅱ）通常为低自旋态，无法与其他分子作用，仅能参与电子转移，如在细胞色素 c 中。

在人体内，血红素中的铁（Ⅱ）在稳定的疏水环境中维持其氧载功能，这得益于肌红蛋白折叠的肽链形成的疏水空腔和特定空间结构，这种结构不仅有利于氧的进入，还能有效阻止水分子的干扰。然而，游离血红素在空气或水中会迅速被氧化为铁（Ⅲ），即高铁血红素，从而失去了氧运输的功能。

钴作为生命中必需的微量元素之一，具有重要的生理功能。在钴的配合物中，最具代表性的是维生素 B_{12}，它是钴（Ⅲ）与咕啉环形成的配位化合物，也是目前已知唯一含有金属元素的维生素。维生素 B_{12} 在多种生物化学反应中扮演着关键的催化角色，特别是在涉及甲基转移和 DNA 合成的过程中。它对于红细胞的生成与成熟至关重要，因此在医学上被广泛应用于治疗恶性贫血，成为治疗这种疾病的特效药。此外，维生素 B_{12} 还参与神经系统的维持和脂肪酸的代谢过程，缺乏它可能引发神经损伤和代谢紊乱，进一步凸显了其不可替代的生物功能。

（课程思政 铁、钴等微量元素在人类生命中的不可替代性，如同每个人在社会中独一无二的责任与使命。无论身处何种角色，每个人都应勇敢承担，奉献自己的光与热。维生素 B_{12} 的研究历程展现了科学家们面对复杂未知时的勇敢与坚韧，启迪学生心怀探索世界的热忱，勇于追求真理。而维生素 B_{12} 的发现，更彰显了跨国合作的力量，提醒我们在全球化的时代，协作与共赢才是通向未来的钥匙。）

7. 拓展内容——铁系元素的工业应用

钢铁生产：铁作为钢铁工业的核心原料，通过与碳、锰、铬等元素合金化，形成不同类型的钢材。例如，建筑中的钢筋混凝土、高速列车的车体材料，以及桥梁和高层建筑的框架，都依赖于钢材的强度和耐久性。

磁性材料：铁、钴、镍广泛应用于制造电子设备、发电机、变压器、马达等。例如，永磁体中的钕铁硼合金应用于风力发电机和电动汽车的电机中。

环境处理：零价铁常用于地下水修复，能够还原有机污染物，如三氯乙烯。此外，铁盐（如硫酸亚铁和氯化铁）被广泛应用于污水处理厂，用来去除水中的磷酸盐、重金属和悬浮物。

医药领域：纳米铁颗粒用于癌症治疗中的磁性靶向药物输送，以及核磁共振成像（MRI）中的造影剂。

（课程思政 铁系元素在多个工业领域中的广泛应用，不仅展示了它们在推动现代工业和科技进步中的核心作用，更与中国制造业的崛起紧密相关。这些关键元素推动我国钢铁、电子、能源等产业的飞速发展，支撑了国家经济的稳步提升。同时，在应用铁系元素的过程中，必须高度重视其对环境的潜在影响，尤其是在废水处理和固体废弃物排放中的生态控制。中国制造的未来不仅要追求科技和产业的创新，更应致力于绿色制造，通过技术升级与环保措施并行的方式，走出一条可持续发展的道路，成为全球工业绿色转型的引领者。）

（六）课外思考题

1. 查阅与生物无机化学领域相关的诺贝尔奖获奖情况，探究其背后的科学突破与创新贡献。

2. 铁系元素在新材料中的应用：随着科技的发展，铁、钴、镍在磁性材料、催化剂、储能材料中的应用越来越广泛。可以结合前沿科技，介绍铁系元素在这些新兴领域中的研究与应用，试举一例。

（七）教学策略

1. 自主探究：在铁系元素的教学中，教师为学生提供学习资源、设定开放性问题、引导研究方向，及时提供反馈支持、鼓励学生大量查阅资料，在自主学习中找到科学路径，激发求知欲，深化对铁系元素在生物和工业领域应用的理解。

2. 案例教学：通过实际案例展示铁系元素在生物体系中的关键作用（如血红素、维生素 B_{12}）以及在现代工业中的应用（如钢铁生产、磁性材料制造），通过具体情境让学生直观地理解铁系元素的重要性，并学习解决复杂的实际问题。

3. 跨学科教学：通过整合化学、生物学与环境科学等多个学科领域，全面展示铁系元素在多维应用中的关键作用，从基本化学结构到复杂的生物功能，再到工业生产和环境保护的协同效应。这种跨学科教学策略能够培养学生的系统思维与知识整合能力，以及应对复杂科学问题的跨学科洞察力和创新能力，为未来的科研与实际应用奠定坚实的专业基础。

（八）教学效果分析

1. 知识与技能：学生能全面掌握铁系元素的基础理论，理解铁系元素的生物学和工业应用，认识铁系元素与环境保护的联系；学生能够在学习过程中自主查阅文献、寻找相关资料，提升信息检索与整理的能力，并逐渐形成独立学习的习惯；学生能够将课内外知识有机结合起来，扩展自身的知识体系。

2. 过程与方法：学生在学习过程中扮演主动角色，在查阅大量资料时，需要对信息进行筛选、分析和评价。通过这一过程培养他们的批判性思维能力、研究能力和终身学习的意识。

3. 情感态度与价值观：铁系元素的教学有效培养了学生的社会责任感、科学探索精神、合作意识、环保理念和爱国情怀。这些价值观的内化将促使他们在未来学习、工作和生活中展现更强的责任感、创新能力和全球视野，为个人发展与社会进步奠定坚实的精神基础。

理性之光，探知无垠

——从维尔纳的研究历程看配合物的组成与命名

戎红仁

○ **教学内容**　配合物的组成与命名

○ **课程性质**　专业基础必修课程

○ **专　　业**　化学、化工及材料、药学等近源专业

○ **授课对象**　大学一年级学生

○ **本节内容思政元素融入简表**

章节	知识点	德育目标及德融教学概述	实现形式
第 9 章 第 1 节	配合物的 组成与命名	化学家在配位化学中的贡献→配位化学理论的确立→激励学生刻苦学习、奋发图强，为建设中国特色社会主义事业筑牢学科知识基础	线下课堂☑ 课外阅读☑

○ **本节内容蕴含的思政元素分析**

在完成原子结构、化学键和分子结构这部分内容的学习后，结合本节课内容引导学生学习配合物的组成和命名，了解配位化学理论确立的过程，教育学生在自身成长过程中，不要因为一点挫折就一蹶不振、临阵脱逃。引导学生不忘初心、牢记使命，树立一个化学工作者应有的远大理想。强化学生"青出于蓝而胜于蓝"的思想，打牢学科基础知识，为建设中国特色社会主义事业打下坚实基础。

配合物的第一个成功理论是由阿尔弗雷德·维尔纳于1893年提出的(图 6-1)。维尔纳大部分时间在苏黎世大学工作，最初是一名有机化学专业的讲师，但他打破

Alfred Werner(1866—1919)

图 6-1　阿尔弗雷德·维尔纳

了有机化学和无机化学的界限，关注到当时无机化学领域中许多尚未解决的有趣问题。他发现当时的无机化学家在解释配合物时遇到困难，因此提出了自己的新理论。然而，维尔纳的理论在早期受到了传统理论的强烈抨击，因为他没有足够的实验证据来支持他的观点，许多人认为这是不切实际的空想。尽管如此，维尔纳用他余生的时间进行了系统而彻底的实验，最终证明了自己的直觉是正确的，开创了配位化学的新篇章。后来配位理论逐渐发展壮大，维尔纳在 1913 年获得了诺贝尔化学奖。20 世纪初无机化学并不是一个主要的研究领域，直到维尔纳开始金属和氨化合物的研究，才改变了这种现状，他被誉为"配位化学之父"。

教案设计

一、教学目标

（一）知识目标

1. 掌握配位化合物的基本概念。
2. 掌握配位化合物的命名方法。

（二）能力目标

1. 能够根据配位体中配位原子的数目，判断配位体的类型。
2. 能够了解中心离子、配体对配位数的影响。
3. 能够计算配位数、配离子电荷。
4. 能够掌握配合物的定义和配合物的命名方法。

（三）价值目标

1. 培养科学精神：以配位化学奠基者维尔纳的生平和配位化学理论的确立为主线，引导学生运用所学知识探索科学问题，以此激发他们的学习兴趣。
2. 激发创新意识：以维尔纳追求真理，将毕生精力投入配位化合物研究中的历史事实，鼓励学生提出创新性的问题或思路，提高他们解决实际问题的能力。
3. 倡导团队合作：通过小组讨论和课题研究，培养学生的团队合作能力，鼓励他们在合作中相互学习、取长补短，共同完成学习任务。

二、教学内容分析

（一）教学内容

1. 配位化合物的组成：配合物的形成体（中心原子或离子）、配位体和配位原子，以及配位数、配离子的电荷数、配合物的定义。

2．配合物的命名：内界的命名、配合物的命名。

3．案例分析与实际应用。

（二）教学重点

1．配位体的分类：重点讲解多基（多齿）配体。

2．配位数的计算：重点讲解多基（多齿）配体配位数的计算。

3．内界的命名：重点讲解内界配离子的命名顺序和配体的命名顺序。

（三）教学难点

1．多基（多齿）配体的判断和命名。

2．多基（多齿）配体配位数的计算：需要正确判断多基（多齿）配体的配位数（即齿数）。

3．理论与实际应用的结合：学生能够将理论与实际相结合，正确命名配合物。

（四）教学设计

课堂环节	时间	教师活动	学生活动	教材教具
导入/暖身 bridge-in	3分钟	介绍维尔纳的生平	观看PPT、倾听	电脑、投影仪、翻页笔
学习目标 objectives	2分钟	以维尔纳历经14年合成的$[CoCl(NH_3)(en)_2]Cl_2$为例，引出教学用书中的配位化合物的定义，并道出本节课的教学目标	倾听、思考	电脑、投影仪、翻页笔
参与式学习 participatory learning	5分钟	结合配位化合物的组成，引出配合物的形成体、配位体和配位原子、配位数、配离子的电荷数等相关概念	"慕课堂答题＋自由发言"引导学生总结配体的分类，配位数和配离子电荷数的计算	手机、电脑、投影仪、翻页笔
	8分钟	引导学生思考配合物的定义。教师总结[突出配体的名称、简写、价数（齿数），为配合物的命名做好铺垫]	教师问，学生答，师生讨论配体的名称、简写、配位数（齿数）	电脑、投影仪、翻页笔
	4分钟	以$[Cu(NH_3)_4]^{2+}SO_4^{2-}$为例，讲授配合物的命名方法	讨论交流	电脑、投影仪、翻页笔

续表

课堂环节	时间	教师活动	学生活动	教材教具
参与式学习 participatory learning	4分钟	倾听、评价、总结	慕课堂随机点名:学生 命名内界	电脑、投影仪、翻 页笔
	4分钟	聆听、评价、总结	慕课堂随机点名:学生 命名配合物	电脑、投影仪、翻 页笔
	5分钟	引导学生理解"配合物的组 成和命名"	倾听、思考、讨论	电脑、投影仪、翻 页笔
课堂小结 summary	2分钟	总结本节课程内容,让学生 明白科学技术的进步并非偶 然,要学会站在巨人的肩膀 上,刻苦钻研。应用中国大学 慕课平台布置课后讨论	倾听、思考	电脑、手机、投影 仪、翻页笔

（五）教学过程

1. 导入

配位化合物(简称配合物)是指形成体与配体以配位键结合形成的复杂化合物,旧称络合物。1704年德国人狄斯巴赫(Diesbach)合成并作为染料和颜料使用的普鲁士蓝是最早有记载的配合物,后来证实其组成为$K[Fe^{II}Fe^{III}(CN)_6]\cdot H_2O$,但通常认为配位化学始于1798年$CoCl_3\cdot 6NH_3$的发展。1893年,维尔纳(1866—1919,法国-瑞士化学家)提出了配合物的正确化学式和成键本质,被看作是近代配位化学的创始人。

维尔纳生于法国一个铁匠之家,18岁开始进行化学研究,24岁获得苏黎世大学博士学位,主攻有机含氮化合物异构现象的研究。26岁任苏黎世联邦高等工业学校助教,27岁任苏黎世大学副教授。1892年的某个凌晨,维尔纳从梦中醒来,突发灵感,为解决当时存在争议的金属离子与氨的成键方式和结构问题,提出了"维尔纳配位理论"的三大假设,经修改后,便将这篇名为《论无机化合物的组成》的论文寄给了德国的《无机化学学报》。该论文于1893年发表,打破了德国化学家凯库勒(Kekul)与英国化学家库珀(Couper)关于化合价恒定不变的观点,以及丹麦科学家乔根森(Jorgensen)与瑞典科学家布洛姆斯特兰德(Blomstrand)提出的链式理论,从此开创了无机化学学科的新时代。

以维尔纳历经14年合成的$[CoCl(NH_3)(en)_2]Cl_2$为例,引出教学用书中的配位化合物的定义、构成、配位原子和配位数、多齿配体和螯合物及配位化合物的命名等内容,如图6-2所示。

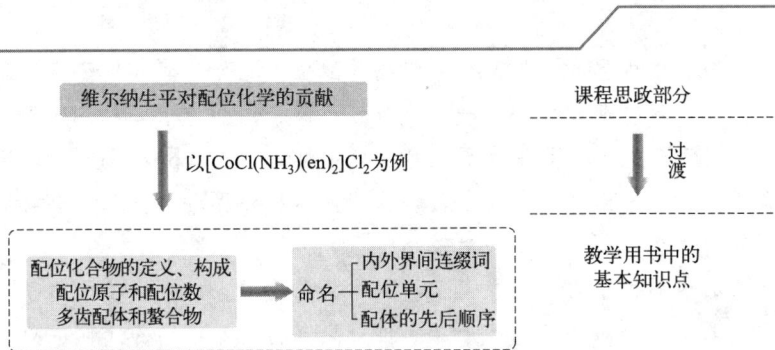

图 6-2　配位化合物基本概念的教学设计框架

[课程思政　维尔纳在自己提出的配位理论不被同行(如乔根森等)认可的情况下，坚持科学哲学思维，坚定理想信念(即金属离子与有机物成键和结构问题)，以辩证唯物主义为指导，以事实为依据，大胆假设(摒弃当时流行的布洛姆斯特兰德-乔根森链式理论)，采用科学的研究方法，不气馁、不畏缩，历经 14 年的不断尝试，反复实验，找到最合适的拆分剂，取得成功。这可以教育学生在自身成长过程中，不要因为一点挫折就一蹶不振、临阵脱逃。在学习过程中要向老一辈化学家看齐，学习他们勇于探索、坚持真理、持之以恒的品质。]

2. 配位化合物的组成

实验回顾：在浅蓝色的硫酸铜溶液中加入适量氨水，最初会生成蓝色沉淀。随后向该沉淀中继续加入过量的氨水并不断振荡，蓝色沉淀逐渐消失，溶液转变为深蓝色。当进一步向这深蓝色溶液中加入乙醇时，便会有深蓝色晶体析出。该深蓝色溶液中含有四氨合铜(II)配离子，而析出的深蓝色晶体则是硫酸四氨合铜(II)，这是一种典型的配合物(图 6-3)。

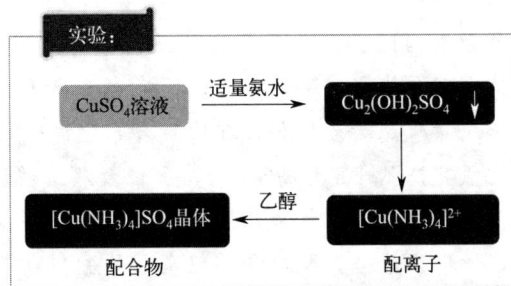

图 6-3　硫酸四氨合铜(II)的生成

以硫酸四氨合铜(II)为例，讨论配合物的组成。

　　配位化合物由内界和外界两部分组成。配位单元如四氨合铜配离子属于内界；而带有与内界电荷相反的离子，如硫酸根离子，则属于外界，外界的作用是平衡内界的正负电荷。如果内界本身是电中性的，例如 $[Fe(CO)_5]$，则该配合物不含外界。在水溶液中，配位化合物的内界和外界之间可以完全解离，但内界由于较为稳定，解离程度相对较小。

　　配合物的内界由中心原子或离子与配体共同构成。中心原子或离子，又称为形成体，通常是金属原子或离子，它位于配合物内界结构的几何中心。在硫酸四氨合铜中，铜离子就是形成体。中心可以是阳离子，如 $[FeF_6]^{3-}$ 中的 Fe（Ⅲ）；也可以是中性原子，如 $[Ni(CO)_4]$ 中的 Ni。中心的氧化数可以是负值，例如 $Na[Co(CO)_4]$ 中的 Co。此外，中心也可能是非金属元素的离子，例如 $Na[BF_4]$ 中的 B（Ⅲ）和 $K_2[SiF_6]$ 中的 Si（Ⅳ），这些非金属元素通常具有较高的氧化数。

　　配体：在内界中与中心原子或离子结合的，含有孤电子对的中性分子或阴离子称为配位体（ligand），简称配体。配体中的孤对电子提供给中心原子或离子，并与其直接形成配位键，这样的原子被称为配位原子。例如，F^-、NH_3、H_2O 等配体中的 F、N、O 原子都是配位原子。根据一个配体中所含配位原子的数量，配体可分为单齿配体和多齿配体。需要特别注意的是，硝基和亚硝酸根作配体时有区别；同样，硫氰根离子与异硫氰根离子作为配体时也有所不同。

　　配位数：在配体中，与中心原子或离子直接结合的配位原子的总数被称为该中心的配位数（coordination number）。对于单齿配体，配位数等于配体的数量，例如在四氨合铜配离子中，铜离子的配位数为 4。而对于多齿配体，配位数等于配体数量乘以每个配体中配位原子的数量。以 $[Cu(en)_2]^{2+}$ 配离子为例进行分析。

　　中心离子的配位数影响因素：

　　(1) 中心离子的电荷与半径。一般来说，同一中心离子的电荷越高，吸引配体的能力越强，配位数也越大。例如，在四氯合铂配离子和六氯合铂配离子中，随着中心离子的氧化态从 $+2$ 升高至 $+4$，配位数从 4 增加到 6。中心离子的半径越大，其周围可容纳的配体越多，因此配位数也会增大。例如，铝离子的半径大于硼离子，所以六氟合铝配离子中铝离子的配位数为 6，而四氟合硼配离子中的硼离子的配位数仅为 4。

　　(2) 配体的电荷与半径。配体的负电荷高，虽然加强了与中心离子的吸引力，但也增大了配体间的斥力，此时斥力起主导作用，导致配位数反而减少。

比如，铁离子与草酸根形成 6 配位的三草酸根合铁配离子，而与磷酸根形成二磷酸根合铁配离子。配体的半径越大，中心离子周围能容纳的配体数量就越少，因此越容易形成低配位数的配合物。比如在六氟合铝配离子与四氯合铝配离子中，随着配体从较小的氟离子变为较大的氯离子，配位数从 6 降为 4。

3. 特殊的配体——冠醚

在含 O 配体中，有一种环状结构的化合物——冠醚，是含有多个 O 原子的大环化合物，所以又称大环多醚或大环醚。冠醚由美国杜邦公司的佩德森于 20 世纪 60 年代首次发现。佩德森当时的实验目标并不是合成冠醚，而是合成双(邻羟基苯氧乙基)醚，合成步骤见图 6-4，用于制备钒的配合物作为烯烃聚合的新型催化剂。但是实验结果没有得到所需的化合物，只分离出少量光亮的纤维状晶体，佩德森仔细分析后发现，此纤维状物质为一种新型化合物——二苯并-18-冠-6(图 6-5)。二苯并-18-冠-6 能与金属离子(尤其是碱金属离子，如 K^+)配位，可以作为相转移催化剂使用。在佩德森工作的启发下，克拉姆和莱恩从不同方面对冠醚进行了研究，由此产生了一门新的学科——超分子化学，佩德森与克拉姆和莱恩共享了 1987 年诺贝尔化学奖。

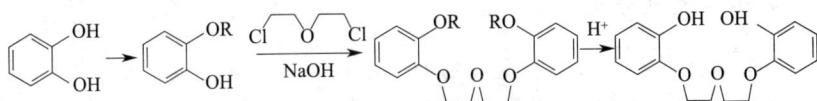

图 6-4　双(邻羟基苯氧乙基)醚的合成

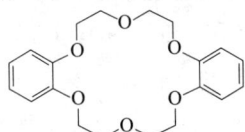

图 6-5　二苯并-18-冠-6 的结构

(课程思政　正是实事求是的态度和科学创新的精神，促使佩德森对这个"不速之客"进行分析表征，才发现了第一个冠醚化合物，为超分子化学的研究打开了大门。)

4. 配合物的命名

师生交流配合物的命名规则，一般遵循无机物的命名规则，并通过慕课堂习题检测学生对配合物命名的掌握情况。

还要注意带倍数词头的无机含氧酸根阴离子配体的命名，比如二硫代硫酸根合银酸钠、四异硫氰酸根二氨合铬酸铵。教师结合文献实例补充介绍桥连基团、链上或者环上所有原子都配位在中心原子上的命名情况。

（六）课外思考题

配位化合物的应用极为广泛，几乎渗透到人类生活的各个领域，无论是工业、农业，还是化学、生物、医学领域，都与配位化合物密不可分。课后请学生登录中国大学慕课平台，参与线上讨论。结合"配合物的组成与命名"这一节课的内容，探讨配位化合物在日常生活和各个专业领域中的实际应用，进一步加深对其重要性的理解。

（七）教学策略

1. 启发式教学：通过提问和引导，启发学生从实际案例中思考配合物的核心概念，如配位体、配位数等。

2. 演示教学：利用多媒体展示配合物的三维结构模型，帮助学生直观地理解配合物的构成、配位体的种类及配位数的计算方法。

3. 学科历史渗透：通过介绍配位化学奠基者维尔纳的生平和贡献，激发学生对科学史的兴趣，培养科学精神。

（八）教学效果分析

1. 知识与技能：掌握配位化合物的基本概念和命名方法。

2. 过程与方法：以配位化学奠基者维尔纳的生平和配位化学理论的确立为主线，介绍维尔纳为追求真理，将毕生精力投入配位化合物研究中的历史事实。以维尔纳历经 14 年合成的 $[CoCl(NH_3)(en)_2]Cl_2$ 为例，引出教学用书中的配位化合物的定义、构成、配位原子和配位数、多齿配体和螯合物及配位化合物的命名等内容。以慕课课程和慕课堂为平台，与传统课堂进行有机融合，引导学生自主解决问题。教学讲授翻转，尊重学生的主体地位，变教为导，激活学生的主体意识。授课教师在倾听的同时，对其进行科学、合理的引导与评价。

3. 情感态度与价值观：培养学生探索未知、追求真理、勇攀科学高峰的责任感和使命感，让学生明白科学技术的进步并非偶然，要学会站在巨人的肩膀上，刻苦钻研，正所谓"十年磨一剑，功到自然成"。正如维尔纳自己所说：真正的雄心壮志，都是智慧、辛勤、学习和经验的积累，差一分一毫也达不到目的。那些一鸣惊人的专家学者，人们只是知道他一鸣惊人，其实他下的功夫和潜的智慧，别人未能领会到。

循序渐进，螺旋上升

——以酸碱理论教学为范例

包真

- ⮕ **教学内容** 酸碱理论

- ⮕ **课程性质** 专业基础必修课程

- ⮕ **专　　业** 化学、化工及材料、药学等近源专业

- ⮕ **授课对象** 大学一年级学生

- ⮕ **本节内容思政元素融入简表**

章节	知识点	德育目标及德融教学概述	实现形式
第4章 第1节	酸碱理论	电离理论→质子理论→电子理论→借助酸碱理论的发展，培养学生的批判性思维，充分理解科学是不断更新和发展的过程	混合课堂☑ 思维导图☑

⮕ **本节内容蕴含的思政元素分析**

　　大学生对于酸碱的定义并不陌生，早在高中化学中便已学习过。然而，许多学生对于酸碱的本质理解尚不深入，普遍认为酸是能够电离出氢离子的物质，碱则是能够电离出氢氧根离子的物质。这样的认识并不全面，教育者应引导学生深入理解酸碱的概念，帮助他们转换思维，打破传统观念与思维定式，从而培养批判性思维，推动学生思考、探索与创新，使其适应当今快速发展的科技时代。

　　酸碱的定义经历了漫长的历史演变。早在1666年，英国化学家波义耳首次描述了酸碱的基本性质，认为酸是具有酸味的物质，能够溶解某些金属和碳酸盐，与酸对立的物质称为碱。到了1770～1780年，法国化学家拉瓦锡提出"燃烧的氧化学说"，认为可燃物燃烧后生成酸，氧是酸的本质成分。1789～1836年，戴维和李比希纠正了拉瓦锡的观点，提出酸必须是含氢的化合物，且氢能被金属置换。1880～1890年，阿伦尼乌斯和奥斯瓦尔德发现了前人定义的不足，提出了电离理

论，进一步解释了酸碱的定义。直至 1923 年，丹麦化学家布朗斯特和英国化学家劳里提出著名的酸碱质子理论，认为酸是能够提供质子的物质，碱是能够接受质子的物质，从而打破了传统的酸碱定义，使其得以从质子的角度重新诠释，极大地扩展了酸碱的概念范围。随后，路易斯将质子理论扩展至电子层面，进一步扩大了酸碱的定义。

通过引导学生了解酸碱理论的发展历程，帮助他们理解人类对科学规律的探索是螺旋上升、循序渐进的过程，进而激发学生面对现有科学理论无法解释的新现象时，敢于创新，勇于提出新理论。通过这一科学进程的故事，引导学生树立追求真理、勇于创新、揭示规律的科学精神。

⊃ 教案设计

一、教学目标

（一）知识目标

1. 了解酸碱理论的历史发展，从 17 世纪的早期酸碱定义到现代的酸碱理论演变过程。

2. 掌握不同酸碱理论的基本概念，包括酸碱电离理论、酸碱质子理论、酸碱电子理论、软硬酸碱理论（HSAB）和酸碱溶剂理论。

3. 理解每种酸碱理论的独特性及其在化学中的应用和相互补充的关系。

（二）能力目标

1. 学生能够运用酸碱理论解释化学现象，尤其是解决生产、生活和科学实验中的实际问题。

2. 学生能够分析归纳总结，促进对化学理论的系统理解。

（三）价值目标

1. 培养科学精神：借助"酸碱理论"这一基础理论的发展历程，培养学生探索未知、追求真理的求知精神，让学生认识到科学技术的进步是螺旋上升式发展的。

2. 培养辩证思维：通过学习科学家们敢于创新、勇于质疑的精神，激励学生敢于挑战传统观念。在对比不同酸碱理论的过程中，帮助学生逐步形成辩证思维能力，理解科学发展的动态性和多样性。

二、教学内容分析

（一）教学内容

1. 阿伦尼乌斯的水——电离理论。
2. 布朗斯特-劳里的质子理论。
3. 路易斯的电子理论。
4. 富兰克林的溶剂体系理论。
5. 皮尔孙的软硬酸碱理论。

（二）教学重点

1. 酸碱理论的历史演变。
2. 不同酸碱理论的核心概念。
3. 酸碱理论的相互补充性。

（三）教学难点

1. 各种酸碱理论之间的差异、联系及在化学中的互补性。
2. 酸碱理论应用的实用性与灵活性。

（四）教学设计

课堂环节	时间	教师活动	学生活动	教材教具
导入/暖身 bridge-in	3分钟	回顾上节课内容，了解慕课平台预习情况	师生交流、慕课堂课前测	电脑、手机、投影仪、翻页笔
学习目标 objectives	2分钟	从酸碱概念的内涵演变入手，引出本节课的学习目标：理解并掌握酸碱电离理论、溶剂体系理论、质子理论、电子理论以及软硬酸碱理论。通过探讨这些理论，深入理解酸碱概念在不同体系中的应用和发展，拓宽对化学反应机制的认识	倾听、思考、交流	电脑、投影仪、翻页笔
参与式学习 participatory learning	2分钟	波义耳关于酸碱的研究	慕课堂练习、师生交流	电脑、手机、投影仪、翻页笔
	4分钟	酸碱电离理论	学生讲解、总结	电脑、投影仪、翻页笔
	8分钟	讲解酸碱溶剂体系理论	师生讨论、交流，慕课堂练习	电脑、投影仪、翻页笔

续表

课堂环节	时间	教师活动	学生活动	教材教具
参与式学习 participatory learning	10 分钟	酸碱质子理论(师生总结)	学生讲解、慕课堂练习	电脑、手机、投影仪、翻页笔
	10 分钟	酸碱电子理论(师生总结)	学生讲解、慕课堂练习	电脑、手机、投影仪、翻页笔
	5 分钟	教师讲解软硬酸碱理论	倾听、思考、练习	电脑、手机、投影仪、翻页笔
课堂小结 summary	2 分钟	请同学用维恩图的形式表示电离理论、溶剂理论、质子理论、电子理论之间的范畴关系;引导学生思考:提出问题和解决问题的过程就是科学的进步模型;布置课后思考题	思考、理解	电脑、手机、投影仪、翻页笔

(五) 教学过程

1. 导入

酸、碱虽然是生产、生活和科学实验中的常见物质,也是化学的基本概念,但自 17 世纪 60 年代以来,酸碱概念随着化学的发展不断演变,逐步深化。随着对物质结构的理解加深,酸碱理论也日益完善。课中重点介绍几种具有代表性的理论(图 7-1)。

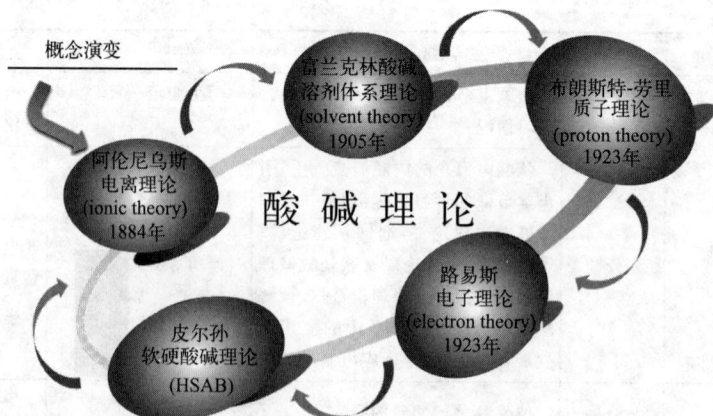

图 7-1 酸碱理论

2. 最早提出酸碱概念——波义耳

17 世纪,化学家波义耳(Boyle)首次明确了酸和碱的概念:水溶液中具有酸味、能溶解某些金属，并使蓝色石蕊试液变红的物质称为酸；具有涩味、能腐蚀皮肤，并使红色石蕊试液变蓝的物质称为碱。这是从物质性质的角度对酸碱所作的定义。然而，为什么不同的酸或碱会表现出相似的性质？它们的组成中是否含有某些共同成分？此后，拉瓦锡、戴维和李比希等化学家先后从物质组成的角度重新定义了酸碱，进一步补充和完善了古典酸碱概念。

3. 酸碱电离理论

1884 年，瑞典化学家阿伦尼乌斯（Arrhenius）根据电解质溶液理论提出了酸碱电离理论，学生讲解这部分内容。

提问：这个理论的局限性是什么？碳酸钠的俗名是纯碱，但是电离理论中的碱仅限于氢氧化物，这怎么解释？

4. 酸碱溶剂体系理论

1905 年，富兰克林针对电离理论的局限性提出了酸碱溶剂体系理论，把酸碱的概念扩展到完全不涉及质子的溶剂体系中。

讲解自耦电离现象。根据纯溶剂是否可以自耦电离出溶剂合质子，溶剂可以分成质子溶剂（protic solvent）和非质子溶剂（aprotic solvent）两类。自耦解离能产生一对特征离子。质子型溶剂水，水分子自耦解离产生水合质子和氢氧根离子，水合质子是特征阳离子，氢氧根离子是特征阴离子。质子型溶剂液氨，氨分子自耦解离成铵根离子和氨基负离子，铵根离子是特征阳离子，氨基负离子是特征阴离子。

师生通过讨论非水体系中的两例反应，总结出：凡是在溶剂中产生（或通过反应生成）该溶剂的特征阳离子的溶质称作酸，而产生（或通过反应生成）该溶剂的特征阴离子的溶质称作碱。这样，酸碱的概念就扩大到非水体系中了。比如在液态 BrF_3 中 SbF_5 与 KF 发生反应生成 $KSbF_6$，从溶剂理论出发，SbF_5 是酸，KF 是碱。

5. 酸碱质子理论

1923 年，丹麦化学家布朗斯特（Bronsted）和英国化学家劳里（Lowry）同时独立提出了酸碱质子理论：凡是能给出质子的物质都是质子酸，凡是能接受质子的物质都是质子碱。师生讨论：质子理论中酸碱的范围更广，它有哪些特点呢？

从共轭酸碱的角度引导学生理解质子理论扩大了酸碱的应用范围，也扩展了酸碱反应的范围。水溶液中的酸碱中和反应、酸碱电离反应、盐类水解反应等都可以看作是酸碱反应（图 7-2）。只要涉及质子转移的过程都可以被认为是酸碱反应。

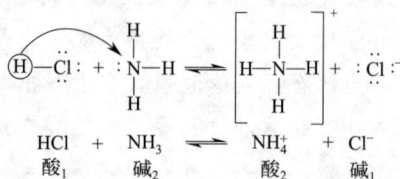

图 7-2　酸碱反应的实质：两个共轭酸碱对之间的质子传递

问题：对于不涉及质子转移，但却具有酸碱特征的反应该如何界定呢？

6. 酸碱电子理论

1923 年，美国化学家路易斯从化学反应中电子对的供受关系出发，提出了新的酸碱概念，这一理论后来被称为路易斯酸碱理论，也称为电子理论。其核心观点是：能够接受电子对的物质为酸，能够提供电子对的物质为碱。酸能够接受电子对，需具备空轨道；碱能够提供电子对，则需拥有未共用的孤电子对。因此，酸碱反应的本质是电子对受体与电子对供体之间通过形成配位共价键而发生的反应。

师生讨论：路易斯酸碱理论的三种类型(配合物形成反应、取代反应、双取代反应)，并简要讨论该理论的优缺点。

7. 软硬酸碱理论

1963 年，皮尔孙提出了软硬酸碱理论，简称 HSAB(hard-soft-acid-base)。该理论基于酸碱电子理论，以电子对的得失作为判定酸碱性质的标准。它在解释酸碱反应的性质方面，特别是在配合物的稳定性和反应机理方面具有显著优势，是对电子理论的有效补充。

在 HSAB 理论中，酸和碱分别被归类为"硬"和"软"两类。"硬"指的是那些电荷密度较高、半径较小的粒子，包括离子、原子和分子，即电荷密度与粒子半径的比值较大的粒子。"软"则指电荷密度较低、半径较大的粒子。

该理论的核心内容可以简明概括为："硬亲硬，软亲软，软硬结合不稳定。"在其他因素影响较小时，软酸与软碱之间的反应较快，形成的键也更稳固。例如，汞离子是软酸，硫氰根离子是软碱，两者结合生成四硫氰根汞配离子的速度非常快。同样，硬酸与硬碱的反应也迅速且稳定，如铝离子(硬酸)与氟离子(硬碱)结合生成六氟合铝配离子。而铝离子和硫代硫酸根离子分别为硬酸和软碱，它们无法形成稳定的配离子。

8. 总结

请学生用维恩图的形式表示电离理论、溶剂理论、质子理论、电子理论之间的范畴关系(图 7-3)。

古典酸碱理论从物质性质的角度定义了酸碱，阿伦尼乌斯的电离理论则从电离的角度对酸碱进行了定义，质子理论从得失质子的角度解释酸碱，而电子理论则基于得失电子来定义酸碱。人们对酸碱的认识历经 300 多年，经历了从定性到定量、由浅入深、由表及里的过程，酸碱的定义范围也逐渐拓展。在这一过程中，大家也认识到，提出并理解一个科学概念并非一蹴而就，而是科学家们不断探索、推敲的结果。同时，这也让我们体会到类比和抽象等思维方法在化学研究中的重要性。新理论的提出并不是对旧理论的否定，而是为了更好地、更广泛地解决问题。提出问题并找到解决方案的过程，正是科学进步的核心模式，酸碱概念的不断演变恰恰生动地诠释了这一点。

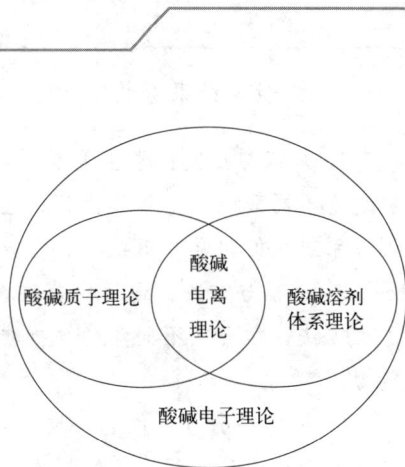

图 7-3　电离理论、溶剂体系理论、质子理论、电子理论之间的范畴关系

（六）课外思考题

慕课平台讨论区请学生交流以下三个问题：

1. 用软硬酸碱理论解释为什么氯化银不溶于水，而氟化银溶于水。

2. 除了这些酸碱理论，在化学史中还提出过乌萨诺维奇的正负理论，这个理论的内容是什么？

3. 你了解溶剂对酸碱强度的拉平效应、区分效应吗？

（七）教学策略

1. 历史回溯：通过回顾酸碱理论的发展历史，引导学生感受科学探索的历程，激发他们的兴趣和好奇心。

2. 探究式教学：提出问题，鼓励学生思考，为什么不同的酸或碱具有类似的性质？不同的酸碱理论解决了哪些化学问题？启发学生独立思考，探究不同理论的提出原因。

3. 概念框架：帮助学生构建酸碱理论的知识框架，理清各理论之间的关系、发展顺序以及它们各自的优缺点。

（八）教学效果分析

1. 知识与技能：学生能够系统掌握酸碱理论的演变过程、核心内容。能够运用不同酸碱理论解释生产、生活中的化学现象，能够整合各类酸碱理论，形成系统化的化学知识结构，提升理解和分析能力。

2. 过程与方法：通过探究式教学，学生训练了类比、抽象、归纳等化学思维方法，学会从不同角度分析酸碱反应的本质，提高独立思考与批判性思维能力。

3. 情感态度与价值观：通过历史回溯和反思总结，学生感受到科学家们在酸碱理论演变过程中不懈探索的精神，培养对科学的敬畏和热爱；通过对新旧酸碱理论的对比与反思，锻炼了辩证思维能力。

护航生命，调控平衡
——从缓冲溶液的原理到应用

吴大雨

◯ **教学内容**　缓冲溶液

◯ **课程性质**　专业基础必修课程

◯ **专　　业**　化学、化工及材料、药学等近源专业

◯ **授课对象**　大学一年级学生

◯ **本节内容思政元素融入简表**

章节	知识点	德育目标及德融教学概述	实现形式
第 4 章 第 5 节	缓冲溶液	人体的酸碱平衡调节系统案例→酸碱平衡和缓冲作用原理→辩证分析问题；健康与生命教育；理论联系实际	混合课堂☑ 思维导图☑

◯ **本节内容蕴含的思政元素分析**

　　缓冲溶液在化工生产、化学分析、医药检测等领域发挥着重要作用，尤其在生物体内，它负责调节酸碱平衡，维持正常生理功能。

　　缓冲溶液在酸碱滴定、紫外-可见分光光度法和电化学分析等实验中被广泛使用。例如，在 pH 计的校准过程中，常用标准缓冲溶液来确保仪器读数的准确性。此外，在生化研究中，溶液体系的 pH 值变化常常直接影响实验的结果，因此需要借助缓冲溶液来确保实验环境的稳定，确保分析结果的精确度。例如，在"酶提取"实验中，若 pH 值波动较大，酶的活性可能会显著降低，甚至完全丧失，这凸显了缓冲溶液在实验成功中的关键作用。

　　在制药和食品工业中，缓冲溶液用于调节体系的 pH 值。例如，在发酵过程中，微生物的代谢产物常常会导致环境 pH 值的变化，从而影响发酵的效率和产品质量。通过加入缓冲溶液，能够保持发酵环境的 pH 值稳定，确保产品的高产

率和稳定性。缓冲溶液在化工生产、医药检测中的应用，展示了化学技术对社会生产、公共健康服务的重要作用。通过教学，引导学生认识到科学研究不仅是理论的积累，更是为人类健康、生产效率和生活质量作出贡献，培养学生的社会责任感和服务意识。

在人体内，维持正常的生理环境同样依赖缓冲溶液。血液中的碳酸-碳酸氢钠缓冲系统是最重要的，其调节机制与肺的呼吸功能以及肾的排泄和吸收功能密切相关。随着生活水平的提高，现代人饮食中鱼、肉、蛋等酸性食物的摄入比例增加。如果酸性食物摄入适量，血液中的缓冲系统可以维持正常的 pH 值；但若长期过量摄入，酸性物质会进入血液。每种缓冲体系都有一定的容量，过多的酸性物质会超过缓冲溶液的调节能力，导致血液酸性化，最终可能形成酸性体质。这不仅会破坏基因表达，还会影响胰岛素原的合成或激活过程，进而影响健康。因此，保持健康的饮食习惯至关重要，暴饮暴食和偏食都应当避免。通过讨论缓冲溶液在医学检测及健康维护中的作用，可以引导学生思考科学技术如何服务于社会，引发他们对生命健康及社会责任的关注。

缓冲溶液的应用无处不在，从维持人体酸碱平衡到确保实验成功，再到推动化工和医药的发展，可以发现缓冲溶液在我们的生活中发挥着重要作用。学好缓冲溶液的原理和应用，不仅能帮助我们更好地理解自然规律，还能为人类健康和科技进步贡献力量。选择化学化工专业，学生将拥有广阔的发展前景，未来充满无限可能！

◆ 教案设计

一、教学目标

（一）知识目标

1. 掌握缓冲溶液的组成。
2. 理解缓冲作用原理、缓冲容量和缓冲范围。

（二）能力目标

1. 掌握缓冲溶液的 pH 值的计算方法。
2. 掌握缓冲溶液的选择和配制方法。

（三）价值目标

1. 树立健康生活理念：从生活出发，结合饮食与人体内的酸碱平衡关系等讲解缓冲溶液的缓冲作用；同时提醒学生养成良好的生活习惯，关注自己和身边人的身心健康。

2.激发学科兴趣，培养对专业的热情：理论联系实际，让学生深刻感受到化学是一门"有用的科学"，培养学生对本门课程、对专业的热爱，引导他们将科学知识与现实生活紧密结合，感受化学的独特魅力。

二、教学内容分析

（一）教学内容

1.缓冲溶液的组成。

2.缓冲作用原理。

3.缓冲容量和缓冲范围。

4.缓冲溶液的 pH 值计算。

5.缓冲溶液的选择和配制方法。

（二）教学重点

1.缓冲溶液的概念理解。

2.缓冲溶液的作用原理。

3.缓冲溶液的应用。

4.缓冲溶液 pH 值的计算。

（三）教学难点

1.缓冲溶液的组成特点及缓冲性能。

2.缓冲溶液 pH 值的计算。

（四）教学设计

课堂环节	时间	教师活动	学生活动	教材教具
导入/暖身 bridge-in	3分钟	利用课堂小实验,初步认识缓冲溶液的性质:以水、NaCl 和 HAc-NaAc 三份溶液为例,分别滴加 1 滴甲基橙或者酚酞,再分别滴加 1 滴稀 HCl 或者 NaOH 溶液。说说三份溶液的颜色变化有何不同	观看 PPT、慕课堂平台提交答案、学生讲授	手机、电脑、投影仪、翻页笔

课堂环节	时间	教师活动	学生活动	教材教具
学习目标 objectives	2分钟	通过上述不同溶液的 pH 值对少量酸碱的抵抗能力大小,引出本节课的教学重点——缓冲溶液:能抵抗外加的少量的强酸或强碱或适当的稀释,而使溶液的 pH 值基本保持不变的溶液。并道出这次课的学习目标	倾听、思考	电脑、投影仪、翻页笔
参与式学习 participatory learning	8分钟	设置问题,引导学生思考。教师总结:对知识点进行逻辑梳理,引出缓冲溶液的概念	慕课堂随机点名,请两位同学分别讲授在弱酸/强碱弱酸盐和弱碱/强酸弱碱盐溶液中缓冲溶液的作用原理	电脑、投影仪、翻页笔
	5分钟	结合生活实际,引导学生总结生活中存在的缓冲溶液(聆听、鼓励),教师重点总结生产、科研和生物体内的溶液化学(讲授)	学生总结与人类生活密切相关的缓冲溶液体系	手机、电脑、投影仪、翻页笔
	8分钟	设置问题,引导学生总结缓冲液 pH 值的计算方法。板书、教师总结(突出缓冲溶液体系 pH 值的计算公式,为内容提升"缓冲溶液的选择与应用"做好铺垫)	教师出题,学生解答,讨论缓冲溶液 pH 值计算公式	电脑、投影仪、粉笔
	4分钟	讲授:以 HAc/NaAc 缓冲溶液为例,引出缓冲容量和缓冲范围的概念,为进一步介绍缓冲溶液的选择做铺垫	师生交流	电脑、投影仪、翻页笔
	4分钟	思考、聆听、设问、总结	慕课堂随机点名:学生理解缓冲范围的计算依据	电脑、投影仪、翻页笔
	4分钟	观看、聆听、评价、总结	慕课堂随机点名:学生应用缓冲范围,学会如何在实际生活和科研活动中选择合适的缓冲溶液	电脑、投影仪、翻页笔
	5分钟	讲授:结合本节课所学知识引导学生选择缓冲溶液	聆听、思考、讨论	电脑、投影仪、翻页笔
课堂小结 summary	2分钟	总结本节课程内容,建立人类健康与缓冲溶液的联系。应用中国大学慕课平台布置课后讨论	思考、讨论、理解	电脑、投影仪、翻页笔

（五）教学过程

1. 导入

以水、NaCl 和 HAc-NaAc 三份溶液为例，分别滴加 1 滴甲基橙或者酚酞，再分别滴加 1 滴稀 HCl 或者 NaOH 溶液。说说三份溶液的颜色变化有何不同，引出缓冲溶液的概念。它指的是由弱酸及其盐、弱碱及其盐组成的混合溶液，能在一定程度上抵消、减轻外加强酸或强碱对溶液酸碱度的影响，从而保持溶液的 pH 值相对稳定，也就是说缓冲溶液是指能抵抗少量的酸、碱或稀释而保持本身 pH 值基本不变的溶液。缓冲溶液是无机化学及分析化学中的重要概念。同时，缓冲溶液在我们人体内也发挥着维持人体正常的血液 pH 值范围的作用，能够抵抗一定的外界刺激的影响。其中，血浆中最主要的缓冲对即碳酸-碳酸氢钠，该缓冲溶液的缓冲作用机制与肺的呼吸功能及肾的排泄和吸收功能紧密联系。人体在正常代谢过程中产生大量的二氧化碳，溶入血液后与水化合生成碳酸，碳酸与血浆中存在的碳酸氢根离子组成共轭酸碱对，其 pH 值在 7.35～7.45 之间，使血液呈弱碱性。因此，缓冲溶液在医学检验和疾病诊断中发挥着重要作用。

（课程思政　介绍缓冲溶液的性质时，穿插引入我们人体的缓冲溶液。维持正常生理环境，离不开缓冲溶液。认识学习缓冲溶液的作用原理，将会帮助我们进一步理解生命过程中复杂的化学反应机制。）

2. 缓冲溶液及其作用原理

常见的缓冲体系有：

（1）弱酸和它的盐（如 HAc-NaAc，H_2CO_3-$NaHCO_3$）。

（2）弱碱和它的盐（$NH_3 \cdot H_2O$-NH_4Cl）。

（3）多元弱酸的酸式盐及其对应的次级盐（如 NaH_2PO_4-Na_2HPO_4）的水溶液。

HAc-NaAc 缓冲溶液的作用机理如下：

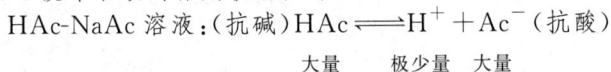

$$HAc\text{-}NaAc \text{ 溶液：(抗碱)} HAc \rightleftharpoons H^+ + Ac^- \text{(抗酸)}$$

$$\text{大量} \qquad \text{极少量} \quad \text{大量}$$

$$K_a^{\ominus} = \frac{c(H^+)c(Ac^-)}{c(HAc)} \qquad c(H^+) = K_a^{\ominus} \times \frac{c(HAc)}{c(Ac^-)}$$

加入少量强酸时，溶液中大量的 Ac^- 与外加的少量 H^+ 结合成 HAc，当达到新平衡时，$c(HAc)$ 略有增加，$c(Ac^-)$ 略有减少，$\dfrac{c(HAc)}{c(Ac^-)}$ 变化不大，

因此溶液的 $c(H^+)$ 或 pH 值基本不变。

加入少量强碱时，溶液中大量的 HAc 与外加的少量 OH^- 生成 Ac^- 和 H_2O，当达到新平衡时，$c(Ac^-)$ 略有增加，$c(HAc)$ 略有减少，$\dfrac{c(HAc)}{c(Ac^-)}$ 变化不大，因此溶液的 $c(H^+)$ 或 pH 值基本不变。

3. 缓冲溶液 pH 值的计算

慕课堂讨论：①缓冲溶液的构成有什么特点？②哪些共轭酸碱对能构成缓冲溶液？为什么？③缓冲溶液的 pH 值如何计算？

(1) 弱酸和弱酸盐组成的缓冲溶液：

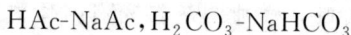

$$HAc\text{-}NaAc, H_2CO_3\text{-}NaHCO_3$$

$$HA \Longrightarrow H^+ + A^-$$

初始浓度 $\qquad\qquad c_a \qquad 0 \qquad c_s$

平衡浓度 $\qquad\qquad c_a-x \qquad x \quad c_s+x$

若 $K_a^\ominus$ 不太大（$\leqslant 10^{-4}$），则 x 很小

$$c_a-x \approx c_a \qquad c_s+x \approx c_s$$

$$\boxed{\begin{aligned} &K_a^\ominus = \frac{xc_s}{c_a}, [H^+]=x=K_a^\ominus\frac{c_a}{c_s} \\[2mm] &pH=pK_a^\ominus - \lg\frac{c_a}{c_s} \quad (K_a^\ominus \leqslant 10^{-4}) \end{aligned}}$$

$$H_2CO_3\text{-}NaHCO_3$$

$$K_{a,1}^\ominus = 4.2\times 10^{-7}, pH=pK_{a,1}^\ominus - \lg\frac{c(H_2CO_3)}{c(HCO_3^-)}$$

(2) 弱碱和弱碱盐组成的缓冲溶液：

对缓冲对 $NH_3 \cdot H_2O\text{-}NH_4Cl$，同样可以推导出如下公式：

$$c(OH^-) = K_b^\ominus\frac{c_b}{c_s}, pOH = pK_b^\ominus - \lg\frac{c_b}{c_s}$$

$$pH = 14 - pK_b^\ominus - \lg\frac{c_s}{c_b} \quad (K_b^\ominus \leqslant 10^{-4})$$

结论：

① 缓冲溶液的 pH 值主要是由 $pK_a^\ominus$ 或 $14-pK_a^\ominus$ 决定的，还与 $c_a(c_b)$ 及 c_s 相关。

② 缓冲溶液的缓冲能力是有限的。

③ 缓冲能力与缓冲溶液中各组分的浓度有关，$c_a(c_b)$ 及 c_s 较大时，缓冲能力强；$c_a(c_b)/c_s$ 接近 1 时，缓冲能力大，即缓冲区间为：$pH = pK_a^{\ominus} \pm 1$，$pOH = pK_b^{\ominus} \pm 1$。

4. 缓冲溶液的选择和配制原则

缓冲溶液的 pH 值主要取决于组成缓冲溶液的缓冲对的种类和浓度，以及缓冲对的比例。缓冲溶液的 pH 值可用下列公式来计算，即：

$$pH = pK_a^{\ominus} - \lg \frac{c_a}{c_s}$$

师生结合图表了解各个缓冲对的缓冲范围（表 8-1），再根据实际情况，选择不同的缓冲溶液。选择的原则有四点：缓冲溶液有较大的缓冲容量；缓冲溶液的各组分对化学反应不产生干扰；缓冲对总浓度一般在 $0.01 \sim 1.00\,mol/L$；需要被调控的溶液 pH 值应该在缓冲溶液的缓冲范围之内。

表 8-1　常用缓冲溶液的缓冲范围

缓冲溶液	共轭酸碱对	$pK_a^{\ominus}$	缓冲范围
$HCOOH/HCOO^-$	$HCO_2H\text{-}HCO_2^-$	3.74	$2.74 \sim 4.74$
CH_3COOH/CH_3COONa	$HAc\text{-}Ac^-$	4.74	$3.74 \sim 5.74$
NaH_2PO_4/Na_2HPO_4	$H_2PO_4^-\text{-}HPO_4^{2-}$	7.20	$6.20 \sim 8.20$
$NH_3 \cdot H_2O/NH_4Cl$	$NH_4^+\text{-}NH_3$	9.26	$8.26 \sim 10.26$
$NaHCO_3/Na_2CO_3$	$HCO_3^-\text{-}CO_3^{2-}$	10.25	$9.25 \sim 11.25$
Na_2HPO_4/Na_3PO_4	$HPO_4^{2-}\text{-}PO_4^{3-}$	12.36	$11.36 \sim 13.36$
六亚甲基四胺-HCl	$(CH_2)_6NH^+\text{-}(CH_2)_6N$	5.15	$4.15 \sim 6.15$

在实际过程中，人们希望缓冲溶液既能抵抗酸的作用，又能抵抗碱的作用，这就要求缓冲对浓度比尽可能趋近于 1，此时缓冲能力最强。而从缓冲溶液 pH 值计算公式，我们可以知道当缓冲对浓度比等于 1 时，$pH = pK_a^{\ominus}$。pH 值与 $pK_a^{\ominus}$ 越接近，缓冲对浓度比越趋近于 1，缓冲能力越强。所以选择缓冲体系的时候，要选择共轭酸的 $pK_a^{\ominus}$ 与被控制溶液的 pH 值尽可能相近的缓冲对。如果你想配制 pH 值等于 5.0 左右的缓冲溶液，就可以选择醋酸-醋酸钠缓冲体系；如果需要 pH 值等于 9.0 的缓冲溶液，就可以选择氨-氯化铵缓冲体系。

5. 例题讲解

（1）求 $300mL\ 0.50mol/L\ H_3PO_4$ 和 $500mL\ 0.50mol/L\ NaOH$ 的混合溶液的 pH 值。

（2）配制 1000.0mL pH＝5.0 的缓冲溶液，需要在 500mL 1.0mol/L 的 HAc 溶液中加入多少 NaAc·2H$_2$O？如果不用醋酸钠，要加入多少 NaOH？ [已知 pK$_a^\ominus$＝4.75，M(NaAc·2H$_2$O)＝118g/mol，M(NaOH)＝40g/mol，忽略固体加入时的体积变化]

（六）课外思考题

登录中国大学慕课平台完成课后实践作业（任选 1 项）。

1. 查找资料，了解人体内主要的缓冲系统，如碳酸-碳酸氢盐缓冲系统、血红蛋白缓冲系统等，并解释这些缓冲系统在维持人体正常生理功能中的重要性，举例说明它们在应对酸碱失衡中的作用。

2. 查找生活中常见的缓冲液应用（如洗发水、化妆品、食品中的缓冲添加剂）。分析该产品中的缓冲溶液成分及其作用，写一篇 200 字左右的报告，说明该产品使用缓冲溶液的原因，并讨论如果没有这些缓冲成分，产品可能会有什么变化。

3. 查阅文献或资料，调查缓冲溶液在工业生产中的应用，例如在制药、食品加工或环境工程中的作用。选取一个工业领域，撰写一篇 200 字左右的报告，讨论缓冲溶液在该领域中的作用及其重要性。

（七）教学策略

1. 可视化教学：利用虚拟仿真实验，帮助学生直观理解缓冲溶液的性质和 pH 能够稳定酸碱变化的作用原理。

2. 案例教学：通过具体的缓冲溶液案例，引导学生学会如何在未来科研活动和实际生活中配制特定 pH 值的缓冲溶液。

3. 启发式教学：通过介绍某一缓冲溶液 pH 值的计算方法，引导学生触类旁通、开阔思路，鼓励他们在不同应用场景下计算缓冲溶液的 pH 值。

（八）教学效果分析

1. 知识与技能：掌握缓冲溶液的基本概念及影响缓冲溶液 pH 值的因素，掌握缓冲溶液 pH 值的计算方法。

2. 过程与方法：从课堂小实验"不同溶液滴加少量酸碱影响溶液 pH 值"导入缓冲溶液，以慕课课程和慕课堂为平台，与课堂问答相结合，引导学生独立思考问题，形成发现问题、提出问题并解决问题的能力。

3. 情感态度与价值观：生命健康教育的课程思政在潜移默化中影响学生，帮助他们树立健康生活观，为未来高品质生活奠定基础。通过结合"缓冲溶液"与人体血液缓冲系统，引导学生运用化学知识理解生命过程，激发对生命健康的思考，培养学科认同感、生命理解能力及勇于探索未知世界的科学精神。

探化学平衡智慧之美，绘人与自然和谐之画

——以化学平衡教学为例

柳娜

⮕ **教学内容** 化学平衡

⮕ **课程性质** 专业基础必修课程

⮕ **专　　业** 化学、化工及材料、药学等近源专业

⮕ **授课对象** 大学一年级学生

⮕ **本节内容思政元素融入简表**

章节	知识点	德育目标及德融教学概述	实现形式
第2章第1节	化学平衡	化学平衡的概念和特征→正逆反应速率相等、动态平衡等→培养哲学辩证思维→树立正确的人生观、价值观和世界观 化学平衡常数→工业生产中平衡的控制→科学家和工程师在化学工程中承担一定社会责任→树立服务社会的责任感和使命感 化学平衡的移动→勒·夏特列原理与老子"天之道"思想→增强环保意识，培养可持续发展观念→树立人与自然和谐共处理念	混合课堂☑ 思维导图☑

⮕ **本节内容蕴含的思政元素分析**

"化学平衡"是"无机与分析化学"课程中的第一个重要知识点，它是整本教材关于"化学平衡"知识的总论，主要涵盖了教材后续课程"酸碱平衡""沉淀溶解平衡""氧化还原平衡"及"配位平衡"的内容，其知识作为中学化学与大学化学的衔接部分，显得尤为重要。化学平衡的主要内容包含化学平衡的基本概念和特征、化学平衡常数及化学平衡的移动等内容。

当前在整个社会竞争压力加大的情况下，学生的学习压力、生活压力日益增加，往往一点小问题就足以成为压倒骆驼的最后一根稻草。这归根结底是学生辩证思维及哲学思想的缺失，遇事容易偏激，在面对困难和挫折时不知道如何调整

自己，不能用哲学的辩证思想去考虑问题，不能用科学哲学的精神去指导自己的学习生活，增加面对困难和挫折的勇气。而在化学平衡的基本概念和特征部分，学生可以通过可逆反应中正、逆反应的动态平衡，以及当平衡状态被打破后会重新建立新的平衡状态的过程，了解事物发展的客观规律，培养面对复杂问题时的应变能力，树立正确的人生观、价值观和世界观。教师在课前预习环节在学习通平台推送关于《辩证唯物主义哲学思想在化学平衡体系教学中的指导作用》《对有关化学平衡问题的自然辩证法阐释及其意义》《化学平衡及平衡移动中的辩证法》等文章，学生可以自主阅读感悟。

化学平衡常数作为衡量化学反应进行程度的标志，可以分为实验平衡常数和标准平衡常数，为了方便计算及理解，通常采用标准平衡常数来表达。例如合成氨反应，在常温下该反应向右进行的程度非常小，但是德国化学家哈伯(Fritz Haber)不畏艰难，克服困难，在 20～50MPa 的高压和 500℃ 的高温下，用铁作催化剂，以氮气和氢气作为原料合成了氨，将无数人从饥饿的死亡线上拯救出来，为人类作出了重要贡献。

中国合成氨工业自 1935 年起步，历经近七十年发展，于 2000 年成为全球产能第一。近年来，行业加速向绿色低碳转型。2021 年，中国科学院大连化学物理研究所与丹麦技术大学合作取得重大突破，开发出新型碱(土)金属钌基三元氢化物催化剂，其在合成氨反应中的作用如图 9-1 所示，实现了温和条件下氨催化剂的高效合成，相关成果发表于《自然-催化》(*Nature Catalysis*，2021，4，959-967.)上。

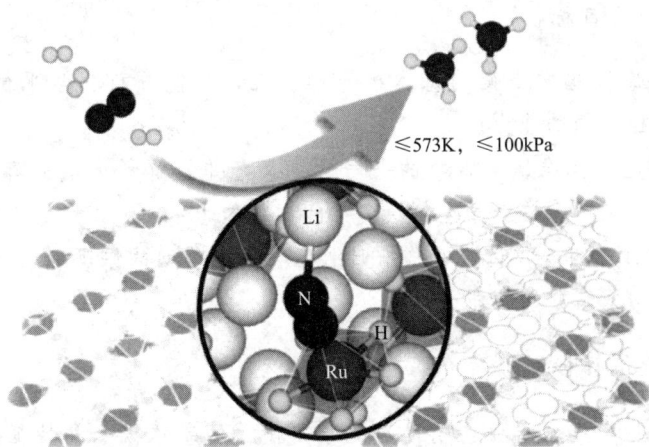

≤573K，≤100kPa

图 9-1 碱(土)金属钌基三元氢化物催化剂在合成氨反应中的作用

法国化学家勒·夏特列于1888 年发现，当改变可逆反应的条件(如浓度、压强、温度等)时，化学平衡就会被破坏，并向减弱这种改变的方向移动。这一原理可称为勒·夏特列原理。

勒·夏特列原理的应用可以使某些工业生产过程的转化率达到或接近理论值，同时也可以避免一些并无实效的方案(如高炉加碳的方案)。其实勒·夏特列原理与中国古代哲学家老子的《道德经》中所描述的"天之道，损有余而补不足"有异曲同工之处，另外老子还说"人之道，则不然，损不足以奉有余"，这些道理存在于生活中，乃至整个社会体系中，我们要正确理解它们，明白人与自然的和谐共处之理，并引导学生关注环境保护和资源节约，增强学生的环保意识，树立可持续发展观念。

⊃　教案设计

一、教学目标

(一) 知识目标

1. 了解化学平衡在整本书中的地位及主要内容。
2. 掌握化学平衡的概念和特征，了解化学平衡这一动态平衡过程。
3. 掌握化学平衡常数的书写、注意事项及意义。
4. 理解化学平衡移动的原理，了解化学平衡移动原理在实际生产和生活中的应用。

(二) 能力目标

1. 能够掌握化学平衡的基本概念和特征，并能分析化学平衡所处状态，培养学生分析问题的能力。
2. 能够理解标准平衡常数的书写及意义，并能解释化学平衡在实际工业生产中的具体应用，培养学生解决复杂问题的能力。
3. 能通过小组合作讨论，总结归纳化学平衡移动的原理，培养学生合作、表达、交流及总结归纳的能力。

(三) 价值目标

1. 培养哲学辩证思维：借助"化学平衡"的基本概念和特征，带领学生探讨化学平衡这一动态平衡，培养学生用哲学辩证思维来看待问题，树立正确的人生观、价值观和世界观。

2. 激发社会责任感和使命感：通过化学平衡常数的书写和意义，引导学生了解化学工程中的化学平衡问题，强化学生对化学工程师及科学家在工业生产中的重要性的认识，激发学生的社会责任感和使命感。

3. 树立人与自然和谐共处理念：结合化学平衡移动的勒·夏特列原理及老子的"天之道"思想，引导学生关注资源节约和环境保护，树立人与自然和谐共处理念。

二、教学内容分析

（一）教学内容

1. 化学平衡的概念和特征。
2. 化学平衡常数。
3. 化学平衡的移动。
4. 化学平衡的实际应用。

（二）教学重点

1. 化学平衡的特征：重点讲解化学平衡的"定""等""动""变"特征。

2. 化学平衡常数表达式的书写及意义：重点讲解化学平衡常数表达式的书写及注意事项。

3. 化学平衡的移动原理：重点讲解化学平衡移动的影响因素和勒·夏特列原理的主要核心理念。

（三）教学难点

1. 化学平衡的特征判断：需要学生准确理解化学平衡的特征，尤其是反应速率、动态平衡等关键指标。

2. 书写化学平衡常数表达式的注意事项：需要学生正确理解化学平衡常数表达式的书写，注意同一化学反应的书写不同，其平衡常数的表达式也不同，同时要区分气体及溶液在平衡常数表达式中的不同之处。

3. 理论与实际应用的结合：需要学生将理论与实践相结合，具备灵活运用知识的能力，能将化学平衡的相关知识与实际生产生活相联系，能用化学平衡的相关知识指导自己的学习和生活。

（四）教学设计

课堂环节	时间	教师活动	学生活动	教材教具
导入/暖身 bridge-in	3 分钟	通过学习通平台发布课前讨论；引导学生根据已有知识，探讨"化学平衡"与生产生活之间的关系，并举例说明	学习通平台接收任务，提交讨论内容	手机、电脑、投影仪、翻页笔
学习目标 objectives	2 分钟	根据学生的讨论结果，总结提出化学平衡的基本要点，并道出本节课学习目标	倾听、思考	电脑、投影仪、翻页笔
参与式学习 participatory learning	8 分钟	讲述化学平衡的基本概念和特征，引导学生思考化学平衡与我们生产生活的关系（讲授）	倾听、思考	电脑、投影仪、翻页笔
	5 分钟	学习通发布关于化学平衡的练习 1，检验学生对基本概念的掌握情况，并根据学生答题情况进行讲解	学习通答题，提交答案	手机、电脑、投影仪、翻页笔
	8 分钟	引导学生思考化学平衡常数的常见表示方式，实验平衡常数及标准平衡常数的区别，以及标准平衡常数表示方法	师生讨论，标准平衡常数表示时应注意的事项有哪些	电脑、投影仪、翻页笔
	4 分钟	以合成氨为例，探讨标准平衡常数在化工生产中的实际意义	参与交流	电脑、投影仪、翻页笔
	4 分钟	发布学习通随堂练习 2，检验是否掌握标准平衡常数的表达式，对错误较多的地方进行点评、讲解	学习通随机点名，讲解随堂练习 2 的错误题目	电脑、投影仪、翻页笔
	5 分钟	讲述化学平衡的移动原理，比较勒·夏特列原理与老子"天之道"思想的相同之处，引导学生用哲学眼光看待问题	学习通随机点名，讲述自己对老子"天之道"思想的理解	电脑、投影仪、翻页笔
	4 分钟	和学生一起探讨化学平衡的实际应用	分小组讨论	电脑、投影仪、翻页笔
课堂小结 summary	2 分钟	总结本节课程内容，用超星学习通平台布置课后讨论	思考、讨论、理解	电脑、投影仪、翻页笔

（五）教学过程

1. 导入

课前讨论：根据中学所学知识，请大家谈谈"化学平衡"与我们生产生活之间的关系，请举例说明。

化学平衡不仅与我们的日常生活密切相关，还在工业生产、环境保护和社会发展等方面发挥着重要作用。本章作为"无机与分析化学"知识结构中的主线，为酸碱平衡、沉淀溶解平衡、氧化还原平衡和配位平衡等后续课程提供了理论基础，因此，掌握化学平衡相关知识对我们至关重要。

2. 化学平衡的概念和特征

化学平衡是指在一定温度下，密闭容器中进行的化学反应进行到某一时刻，正、逆反应速率相等，反应物和生成物的浓度不再随时间而发生变化的状态。

因此在化学平衡时，虽然反应物和生成物的浓度不再改变，但浓度并不为零，反应依然在进行，其本质是一个动态平衡。当外界条件发生改变时，原有的平衡状态就要发生改变，直到建立新的平衡状态（图9-2）。

（课程思政　我们的生活中也有很多与化学平衡状态类似的"平衡"状态，这些"平衡"状态也具有化学平衡的特征。如图9-3所示，我们会面对自然与社会、发展与环保、自由与规则、学习与娱乐、健康与工作等方面的平衡抉择，也会面临平衡状态被打破后要建立新平衡的过程，尤其是学生刚迈入大学校门，更要平衡好学习与娱乐的关系，不能因为太过自由而放纵自己。）

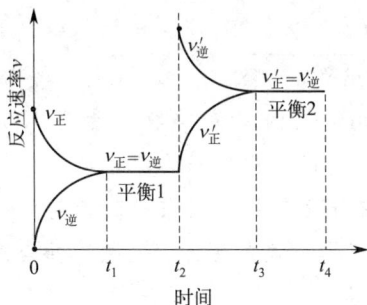

图9-2　化学平衡的建立

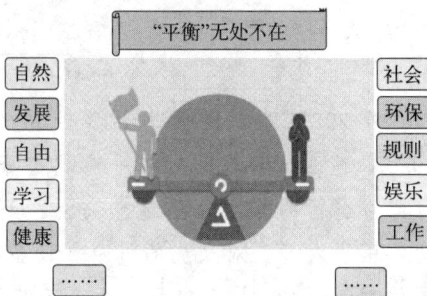

图9-3　生活中的各种"平衡"关系

3. 化学平衡常数

化学平衡常数分为实验平衡常数和标准平衡常数，本节我们主要讨论标准平衡常数。对于物质的标准状态，热力学上有以下规定：

（1）气态物质的标准态是指在任意温度（T）下，具有理想气体性质的纯气体，处于标准压力 $p^{\ominus}$ 下的状态；

(2) 液体、固体物质的标准状态是指在任意温度(T)和标准压力($p^{\ominus}$)下的纯液体和纯固体的状态;

(3) 溶液的标准状态是指在任意温度(T)和标准压力($p^{\ominus}$)下,处于标准浓度($c^{\ominus}=1.0\text{mol/L}$)的状态。

在上述标准状态的条件下,对一个一般的可逆反应 $a\text{A(g)}+b\text{B(aq)}+c\text{C(s)}\Longleftrightarrow x\text{X(g)}+y\text{Y(aq)}+z\text{Z(l)}$ 而言,不管起始状态如何,在一定的温度下达到平衡时,各生成物浓度(或分压)与标准浓度(或分压)的比值以反应方程式中计量系数为指数的乘积和反应物浓度(或分压)与标准浓度(或分压)的比值以反应方程式中计量系数为指数的乘积之比是一个常数,标准平衡常数的表达式如下式所示:

$$K^{\ominus}=\frac{(p_X^{eq}/p^{\ominus})^x(c_Y^{eq}/c^{\ominus})^y}{(p_A^{eq}/p^{\ominus})^a(c_B^{eq}/c^{\ominus})^b}=\frac{(p_X^{eq}/p^{\ominus})^x[Y]^y}{(p_A^{eq}/p^{\ominus})^a[B]^b}$$

化学平衡常数是化学反应的特征常数,其数值的大小表示在一定条件下反应进行的程度,还可以预测反应的方向,计算化学平衡时体系中各物质的组成,所以平衡常数的学习对我们更好地认识化学平衡有重要意义。

例如,工业上的经典反应——合成氨反应,其反应方程式为 $\text{N}_2\text{(g)}+3\text{H}_2\text{(g)}\Longleftrightarrow 2\text{NH}_3\text{(g)}$,标准平衡常数的表达式可以写为:

$$K^{\ominus}=\frac{(p_{\text{NH}_3}^{eq}/p^{\ominus})^2}{(p_{\text{N}_2}^{eq}/p^{\ominus})(p_{\text{H}_2}^{eq}/p^{\ominus})^3}$$

在 298K 下,根据热力学计算,合成氨反应的平衡常数大约为 1.02×10^{-9},这意味着该反应在平衡状态下,向右进行的程度非常小,要想提高反应向右进行的程度,要选择高温、高压和有催化剂的反应条件。但是如果温度、压强太高,对反应的材料、设备等要求又非常高,因此,必须选择合适的催化剂,图 9-4 是合成氨的生产工艺及装置图。

(课程思政 氨作为重要的氮肥,是产量最大的化工产品之一,从上述分析可以看出,合成氨反应在常温下向右进行的程度非常小,但是哈伯不畏艰难,克服困难,成功用氮气和氢气作为原料合成了氨,将无数人从饥饿的死亡线上拯救出来,为人类作出了重要贡献。但是此后哈伯在为德国建成了无数个大大小小的合成氨工厂的同时,也为侵略者制造了数百万吨炸药用于第一次世界大战,造成无数人伤亡。因此,化学工程师和科学家在工业生产中发挥着关键作用,学生要明白自己在化工生产中承担的社会责任。)

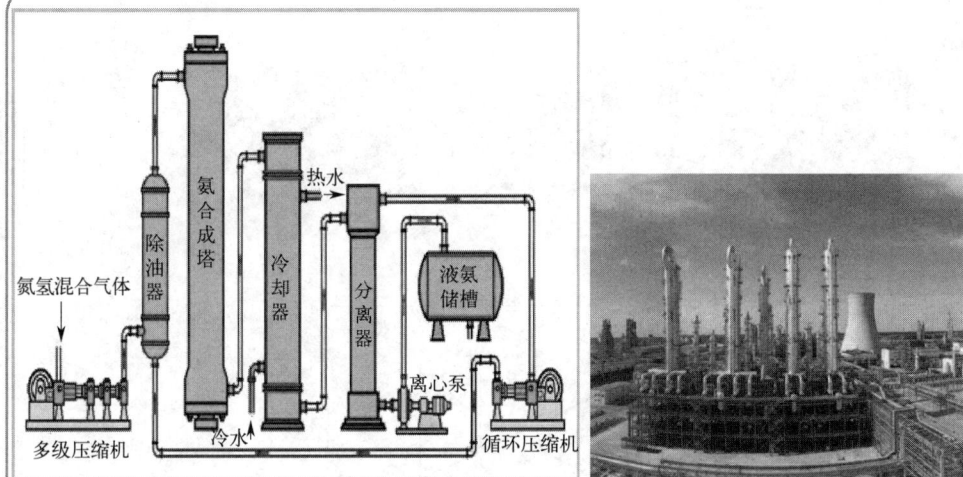

图 9-4　合成氨生产工艺及装置图

　　[课程思政　我国的第一个合成氨生产车间于 1935 年建成，在此后的近七十年时间里，合成氨工艺不断改进，产能不断增加，到 2000 年中国合成氨工业的生产规模达到了全球第一，并且逐渐朝着绿色、环保、节能的方向前进。2021 年 11 月，中国科学院大连化学物理研究所研究员陈萍、郭建平团队与丹麦技术大学教授 Tejs Vegge 团队等合作，首次将配位氢化物材料应用于催化合成氨反应中，开发了一类新型碱（土）金属钌基三元氢化物催化剂 Li_4RuH_6（图 9-5），实现了温和条件下氨的催化合成。]

　　4. 化学平衡的移动

　　小组讨论：影响化学平衡移动的因素有哪些？学生分小组汇报，教师总结点评。

　　对于可逆反应，因外界条件变化而从一种旧的平衡状态变化到另一种新的平衡状态的过程称为化学平衡的移动。法国化学家勒·夏特列于 1888 年发现当改变可逆反应的条件（如浓度、压强、温度等）时，化学平衡就会被破坏，并向减弱这种改变的方向移动。例如，增加某一反应物的浓度，则反应会向着减少此反应物浓度的方向进行；减少某一生成物的浓度，则反应会向着增加此生成物的方向进行。我们一般将这个原理称之为勒·夏特列原理。

　　勒·夏特列原理的应用可以使某些工业生产过程的转化率达到或接近理论值，同时也可以避免一些并无实效的方案（如高炉加碳的方案），其应用非常

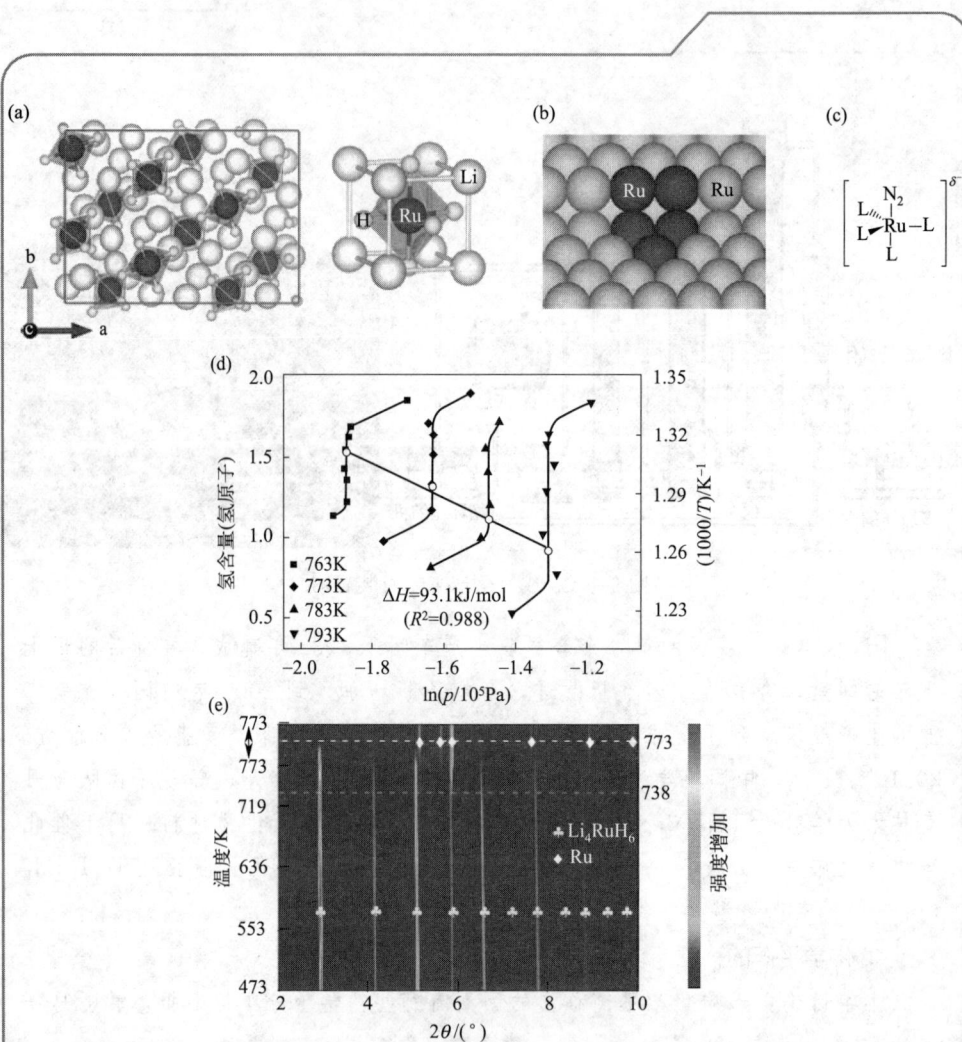

图 9-5　Li₄RuH₆

（a）Li₄RuH₆ 表面和 Ru 在 Li₄RuH₆ 中的局部配位；（b）Ru(0001)表面（B5 位点以黑色突出显示）；

（c）分子 Ru 配合物（L，配体）的模型；（d）脱氢 Li₄RuH₆ 的压力（p）—氢含量等温线以及

相应的 van't Hoff 图，其中 ΔH 是脱氢的熵变，R 是相关系数，T 是温度；（e）Li₄RuH₆ 的

原位 SR-PXD 表征图，条件：标准大气压下，N₂-H₂ 混合物（H₂：N₂＝3：1），温度 473～773K，

θ 是入射角。（摘自 *Nature Catalysis*，2021，4，959-967.）

广泛。比如前面讲到的合成氨反应，在 $N_2 + 3H_2 \Longrightarrow 2NH_3$ 这个可逆反应中，达到一个平衡后，对这个体系进行加压，比如压强增加为原来的两倍，这时旧的平衡要被打破，平衡向压强减小的方向移动，在本反应中即向正反应方向

移动。建立新的平衡时，增加的压强即被减弱，不再是原平衡的两倍，但这种增加的压强不可能完全被消除，也不是与原平衡相同，而是处于这两者之间。

（课程思政　其实勒·夏特列原理与中国古代哲学家老子的《道德经》中所描述的"天之道，损有余而补不足"有异曲同工之处，如图 9-6 所示。回到合成氨反应，升高温度是额外施加的影响，此时热量是"有余"的，那么平衡体系就向吸热的方向移动，以削弱温度的升高；反之，如果降低了温度，热量是"不足"的，那么平衡体系就向放热的方向移动，来弥补热量的"不足"。利用这种平衡体系的自我修缮，可以将其应用于化工生产中，通过控制条件来提高产率。勒·夏特列原理与老子的"天之道"思想广泛存在于生活中，乃至整个社会体系中。我们要正确理解这些道理，用它们来指导我们的生产生活。）

如果改变影响平衡的一个条件（浓度、压强或温度等），平衡就能够向削弱这种改变的方向移动。

——勒·夏特列

天之道，损有余而补不足。

——老子

图 9-6　勒·夏特列原理与老子的"天之道"思想

5. 化学平衡的实际应用

化学平衡在实际生产生活中，除了上述所说的应用，还在水处理、大气污染治理、气候变化、能源利用等方面有广泛应用。

例如，在药物的合成和提纯过程中，化学平衡的应用也非常重要。通过控制反应条件，可以使药物合成反应朝着有利于生成目标产物的方向进行，从而提高药物的纯度和产量。此外，通过调整反应条件，还可以避免副反应的发生，提高药物的合成效率。

再比如，在环境污染控制方面，化学平衡的应用可以帮助减少有害物质的排放。通过控制化学反应的条件，可以使有害物质的生成反应朝着有利于生成无害产物的方向进行，从而减少环境污染。例如，如何控制氮氧平衡，在治理大气污染时具有重要的意义。此外，还可以利用化学平衡原理设计高效的净化工艺，处理工业废水和废气，保护环境，引导学生关注环境保护和资源节约，培养学生的环保意识和可持续发展观念。

（六）课外思考题

请登录超星学习通平台参与课后讨论，自主查阅文献，了解与化学平衡相关的科普文章、视频和纪录片，探讨化学与社会的关系。

（七）教学策略

1. 信息化教学法：利用中国大学慕课、学习通平台，可以对学生的课前预习、课中练习和讨论，以及课后的复习起到辅助作用，提高学生的学习兴趣。

2. BOPPS教学方法：通过设计问题引导学生思考化学平衡的特征，书写标准平衡常数的注意事项，理解化学平衡移动的原理及实际应用，提高学生积极探索和解决复杂问题的能力。

3. 案例教学法：通过具体的化学工业生产中的案例分析，帮助学生理解化学平衡相关知识在实际工业生产中的应用，增强学生的社会责任感。

（八）教学效果分析

1. 知识与技能：理解化学平衡的基本概念和特征，掌握标准平衡常数的表达式及注意事项，理解化学平衡移动的原理及化学平衡在实际生产中的应用。

2. 过程与方法：从问题讨论"化学平衡与生产生活的关系"入手，导入化学平衡，采用BOPPS教学方法，以超星学习通为教学平台，与传统课堂进行有机融合，引导学生自主解决问题。通过课堂讨论与课堂测验，充分引导学生主动参与课堂，尊重学生的主体地位，激活学生的主体意识，真正实现"以学生为中心"的教学理念。

3. 情感态度与价值观：通过化学平衡中达到平衡状态时正、逆反应速率相等的动态平衡过程，培养学生哲学辩证思维，帮助学生树立正确的人生观、价值观和世界观；借助标准平衡常数的表示方法和意义，延伸至工业生产中平衡的控制，突出科学家和工程师在化学工程中承担的社会责任，培养学生服务社会的责任感和使命感；通过化学平衡的移动中的勒·夏特列原理与老子"天之道"思想，引导学生树立人与自然和谐共处意识，增强学生环保意识和可持续发展观念。

团结协作，共谱华章，探索螯合物的奥秘

——以螯合物化学为例

孙浩

○ **教学内容** 螯合物化学

○ **课程性质** 专业基础必修课程

○ **专 业** 化学、化工及材料、药学等近源专业

○ **授课对象** 大学一年级学生

○ **本节内容思政元素融入简表**

章节	知识点	德育目标及德融教学概述	实现形式
第9章 第4节	螯合物化学	螯合物化学→螯合物的稳定性和选择性→联系相关前沿科学基础研究,激发学生对化学学习的兴趣,使学生认识到团结协作的重要性,培养科学精神	混合课堂☑ 思维导图☑

○ **本节内容蕴含的思政元素分析**

在完成螯合物理论基础知识的学习后，结合本节课内容引导学生了解螯合物的结构和特殊性质，并激发学生的学习兴趣，让学生深刻感受到团结协作在科学研究中的重要性，培养学生求真务实、合作共享的科学精神和对化学、化工专业的热爱。

对于大学一年级的新生来说，他们正站在一个重要的人生十字路口，从高中的相对依赖和规范化的学习环境，迈向大学的自主探索和个性化发展阶段。这一过渡时期不仅是他们适应新环境、建立新社交关系的时期，更是塑造学术思维和职业规划的关键时期。在这个阶段，新生们如何调整自己的学习态度、选择学习方法，将直接影响他们未来的学术成就和职业道路。在螯合物化学的教学中，我们从课题组的研究工作入手，通过具体的螯合物相关科研工作 [一例锌(Ⅱ)的螯

合物结构及其在分析中的应用]，如图 10-1 所示，引导学生了解螯合物的相关知识，包括概念、结构和性质。

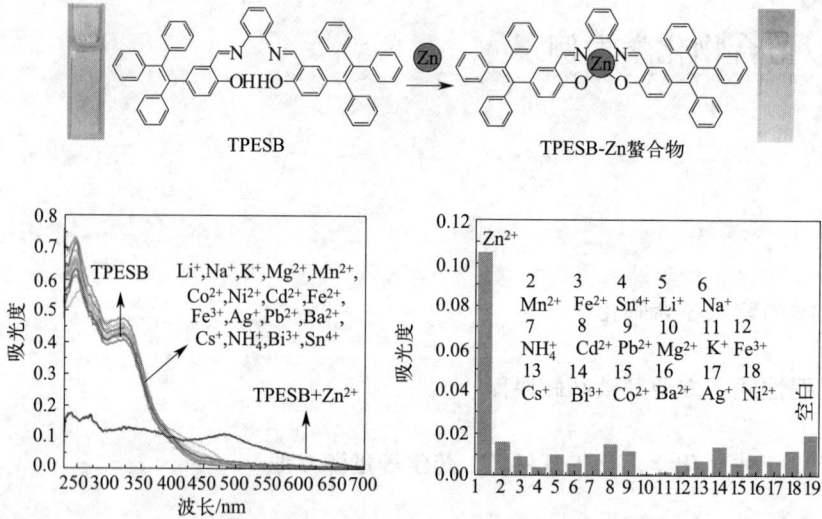

图 10-1　一例锌(Ⅱ)的螯合物结构及其在分析中的应用

螯合物的结构、稳定性和特殊性质不禁让人联想到人类的发展史，从远古的狩猎采集到今日的数字化时代，人类之所以能够站在生物链的顶端，主要是因为我们懂得团结协作，有适应和改造环境的能力。面对未来社会的快速变化，包括技术的突飞猛进、社会的不断演变和工作标准的持续提高，我们应该如何准备自己以应对这些挑战？如何在动荡不定的环境中保持冷静和乐观的心态？

面对环境变化，团结协作是我们应对挑战的关键，这样才能确保在时代潮流中乘风破浪。团队的成功不仅仅取决于成员的努力，还与所处的环境和时代背景密切相关。因此，我们需要不断沟通，协调合作，提升团队的整体能力，以适应不断变化的环境，抓住每一个可能的机遇。在团结协作的过程中，每个成员都应该意识到个人的力量是有限的，而集体的智慧和力量是无穷的。通过有效沟通、相互支持和共同努力，我们可以解决个人难以解决的难题，实现团队目标。团队成员应该愿意分享知识、技能和资源，以促进团队的整体进步和成功。这样，无论环境如何变化，我们都可以通过团结协作的力量，灵活调整策略，共同迎接挑战，实现共赢。

◑　**教案设计**

一、教学目标

（一）知识目标

1. 掌握螯合物的基本概念和特性。
2. 理解螯合物的稳定性和选择性。
3. 掌握螯合物在不同领域的应用。

（二）能力目标

1. 能够判断识别螯合物的结构。
2. 能够了解螯合物的性能。
3. 能够了解螯合物在各个领域的应用。

（三）价值目标

1. 提升科学素养：通过螯合物化学的学习，激发学生的探索兴趣，培养学生对科学研究的热爱，课程内容将使学生理解科学研究的基本原则和方法，进而提高其科学素养，使其能够在日常生活和专业领域中科学地分析问题和做出决策。

2. 激发创新意识：通过课程内容的多样性和灵活性，鼓励学生在理解和应用螯合物化学知识时，独立思考和探索新思路。引导学生在面对科学问题时，运用创新的方法和视角进行分析和解决，培养其提出独特见解的能力。

3. 倡导团结协作：让学生明白螯合物的稳定性和特殊性质正是由螯合剂与金属离子之间形成的特殊结构引起的。教师借助这一基本理论向学生阐明团结协作的重要性，培养学生的团队合作能力，鼓励他们在合作中相互学习、取长补短、团结协作、共谱华章。

4. 整合跨学科知识：强调螯合物化学与其他学科(如生物学、环境科学和材料科学)的交叉应用，帮助学生认识到跨学科合作的重要性。通过引导学生将不同学科的知识整合应用于螯合物的研究，激发其创新潜力。

二、教学内容分析

（一）教学内容

1. 螯合物的基本概念：介绍螯合物的定义、结构和与其他配合物的区别。

2. 螯合物的稳定性和选择性：讲解影响螯合物稳定性的因素，如配体的性质和金属离子的特性。

3. 螯合物的应用：讨论螯合物在分离、萃取、定量分析等领域的实际应用。

（二）教学重点

1. 螯合物的结构特征：重点讲解螯合物的配位特点和结构特征。

2. 螯合物的稳定性：重点讲解螯合物的稳定性与其结构的关系，理解螯合物的不稳定常数与螯合物稳定性之间的关系。

3. 螯合物的特征颜色和性质：重点讲解螯合物的特殊颜色和性质。

4. 螯合物的实际应用：重点讨论螯合物的特殊性质与不同领域应用之间的关系。

（三）教学难点

1. 螯合物结构的复杂性：需要学生理解螯合物的复杂结构和配位特点。

2. 螯合物稳定性的原因：需要学生理解螯合物具有特殊稳定性的原因。

3. 螯合物的性质与应用领域：需要学生理解螯合物在不同领域的应用与其特殊性质密切相关。

（四）教学设计

课堂环节	时间	教师活动	学生活动	教材教具
导入/暖身 bridge-in	5分钟	以$[Fe(CN)_6]^{3-}$和$[Co(en)_3]^{3+}$配离子为例，说明配合物与螯合物的区别	观看PPT，随机点名让学生说明两者区别	多媒体设备、视频材料
学习目标 objectives	1分钟	引入本节课教学目标	倾听	多媒体设备
参与式学习 participatory learning	12分钟	以Co^{3+}的三种螯合物结构式为具体例子，详细讲解螯合物的定义、组成和结构特征	倾听、思考	多媒体设备
	5分钟	以螯合物的结构引出螯合物所具有的特殊稳定性，并做重点介绍	倾听、思考	多媒体设备

续表

课堂环节	时间	教师活动	学生活动	教材教具
参与式学习 participatory learning	19分钟	介绍螯合物的特殊性质（如颜色、溶解性等）及其实际应用领域。提问学生对相关问题的了解情况	倾听、思考、参与、讨论	多媒体设备
课堂小结 summary	3分钟	总结本节课程内容，在学习和科研中团结协作，共谱人生华章	思考、讨论、理解	多媒体设备

（五）教学过程

1. 导入

　　螯合物化学的发展历史可以追溯到19世纪末，当时瑞士化学家阿尔弗雷德·维尔纳（Alfred Werner）提出了配位化学的概念，这是螯合物化学发展史上的重要里程碑。维尔纳的工作奠定了配位化学的基础，他也因此获得了1913年诺贝尔化学奖。

　　螯合物（chelate）这个术语最早由Sir Gilbert T. Morgan 和 H. D. K. Drew 在1920年提出，他们在《化学学会杂志》（*J. Chem. Soc.*，1920，117：1456.）中指出："形容词 chelate（螯合）是从龙虾或其他甲壳类动物的大爪子或螯（希腊语为 χηλη）衍生而来的，建议用于那些像钳子一样的基团，它们作为两个结合单元，固定在中心原子上，从而产生杂环。"

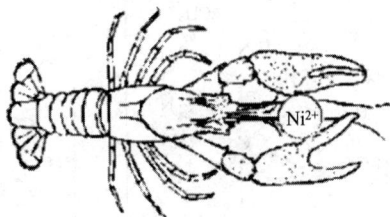

图 10-2　螯合物的形象示意图

（图 10-2）这形象地描述了多齿配体如何通过多个配位点与中心金属离子形成稳定的环状结构。这种结构通常比单齿配体形成的配合物更加稳定，因为同时断开多个配位键是非常困难的。

　　（课程思政　科学研究不仅是个体的努力，更是团队协作的结晶。许多重大科学突破，都是通过跨学科、跨国界的团队合作实现的。科学家们各自发挥专业特长，共同攻克复杂难题，体现了"团结就是力量"的理念。科学研究不仅仅是获取知识，更承载着对社会的责任与使命。科学家们在团队中合作时，要时刻牢记自己的研究成果将对人类社会产生深远影响。因此，他们需要以高度的责任感和使命感，合作开展有益于社会的研究。团队成员之间应相互尊重，分享数据与成果，并在研究中保持透明度。这种合作精神不仅有助于提升研究质量，也有助于建立科学界的良好风气。通过将科学家团队合作的思政内容融入大学生的日常学习，能够帮助他们更好地理解科学研究的价值，培养团队合作精神与社会责任感，为他们未来的学术和职业生涯奠定坚实的基础。）

2. 螯合物的结构与组成

在配位化合物中，除了包含一个中心离子和若干单齿配体的配合物外，还有螯合物、多核配合物、羰基配合物、同多酸/杂多酸配合物、大环配合物、夹心配合物等。其中螯合物是一类由多齿配体与金属离子形成的具有环状结构的配合物。像钴离子与乙二胺（en）、草酸根（$C_2O_4^{2-}$）、氨基乙酸根（$NH_2CH_2COO^-$）都可以形成螯合物（图 10-3）。我们来看看这些螯合物的结构有什么特点。它们与 $[Fe(CN)_6]^{3-}$ 的结构有什么区别？在同一个配体中，如果两个配位原子间相隔两个碳原子，形成的螯环是五元环；如果多齿配体的两个配位原子之间相隔三个原子，形成的就是六元环；再来看看电荷情况，螯合物可以是带电荷的配离子也可以是不带电荷的中性分子。

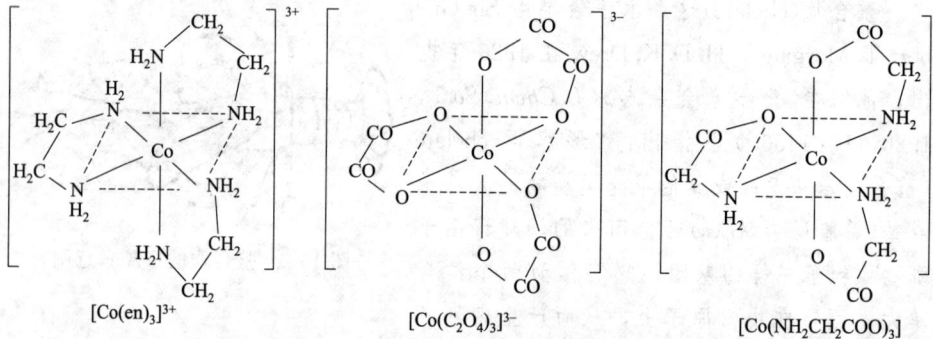

图 10-3 Co^{3+} 的三种螯合物结构式

形成螯合物的多齿配体也称为螯合剂，它们大多是含有 N、O、S 配位原子的有机分子或离子。有一类螯合剂既含有氨基又含有羧基，被称为氨羧螯合剂，如氨三乙酸 $[N(CH_2COOH)_3]$、乙二胺四乙酸（EDTA）$[(HOOC-CH_2)_2NCH_2CH_2N(CH_2COOH)_2, H_4Y]$。其中以 EDTA 最为重要。它的螯合能力特别强，可以与大部分金属离子形成稳定的离子。习惯上螯合物的组成用螯合比来表示，螯合比指的是中心离子与螯合剂分子（或离子）数目之比。比如说 $[Cu(en)_2]^{2+}$ 配离子的螯合比是 $1:2$，EDTA 与金属离子 M^{n+} 所形成的螯合物 $[MY]^{n-4}$ 的螯合比通常为 $1:1$。

3. 螯合物的特性

螯合物有哪些特性呢？与具有相同配位原子的简单配合物相比，金属螯合物具有特殊的稳定性。表 10-1 中的数据比较了具有相同配位原子的某些螯合物和简单配合物的不稳定常数。从这些数据可以看出，在水溶液中金属螯合物更难解离。螯合物的这种特殊的稳定性与什么因素有关呢？可能你已经发现了，这与螯合物的环状结构有关，形成的五元或六元螯合环最稳定。这种由于螯合环的形成，生成物的混乱度大于反应物的混乱度，正反应向熵增的方向进行，从而使螯合物具有特殊的稳定性的现象，通常称为螯合效应。但我们也得注意，不是所有螯合物都比简单配合物稳定，是有例外情况的。如果螯环有张力，螯合物就不稳定。像 $[Ag(NH_3)_2]^+$（稳定常数是 1.1×10^7）比 $[Ag(en)_2]^+$（稳定常数是 4.70）要稳定，是因为银离子采取 sp 杂化形成 $[Ag(en)_2]^+$ 时，螯环中存在张力。

表 10-1　具有相同配位原子的某些螯合物和简单配合物的 $K_{\text{不稳}}^{\ominus}$

螯合物	$K_{\text{不稳}}^{\ominus}$	简单配合物	$K_{\text{不稳}}^{\ominus}$
$[Hg(en)_2]^{2+}$	5.0×10^{-24}	$[Hg(NH_3)_4]^{2+}$	5.25×10^{-20}
$[Co(en)_3]^{2+}$	1.15×10^{-14}	$[Co(NH_3)_6]^{2+}$	7.76×10^{-6}
$[Co(en)_3]^{3+}$	2.04×10^{-40}	$[Co(NH_3)_6]^{3+}$	6.31×10^{-36}
$[Ni(en)_3]^{2+}$	4.68×10^{-19}	$[Ni(NH_3)_6]^{2+}$	1.82×10^{-9}

引导学生分析不同配合物的稳定性，通过表格对比一些螯合物和简单配合物的稳定常数。讨论螯合物具有特殊稳定性的原因，强调螯合效应及其与环状结构的关系。引导学生思考张力对螯合物稳定性的影响。

4. 螯合物的其他特殊性质

螯合物除了具有高稳定性外，还具有特殊的颜色，像丁二肟（二乙酰二肟）在氨碱性溶液中与镍离子作用，生成鲜红色的沉淀，这也是鉴定镍离子的特征反应（图 10-4）。螯合物一般难溶于水，易溶于有机溶剂，所以也被用于沉淀分离、比色测定等分析工作。

5. 螯合物的应用与未来发展

在 20 世纪，螯合物的研究得到了广泛的关注，特别是在医药、分析化学、工业应用等领域。例如，乙二胺四乙酸（EDTA）是一种广泛使用的六齿螯合剂，它能够与多种金属离子形成稳定的螯合物，因此在水软化、食物保存、金属分离和分析等方面有着重要的应用。

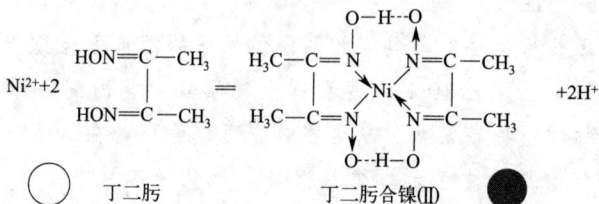

图 10-4　丁二肟与丁二肟合镍的结构式及其特殊颜色

随着时间的推移，螯合物化学不断发展，新的螯合剂和螯合物被合成出来，它们的稳定性、选择性和应用范围也在不断提高和扩大。螯合物在生物体系中也扮演着重要的角色，例如，在血红蛋白和叶绿素等生物大分子中，金属离子就是通过螯合物的形式与蛋白质结合的。

螯合物的研究不仅局限于传统的无机化学领域，还与有机化学、生物化学、材料科学等多个学科领域交叉融合，形成了一个多学科交叉的研究领域。随着科学技术的进步，螯合物化学在新材料开发、药物设计、环境治理等方面展现出巨大的潜力和应用前景。

[课程思政　学生分组讨论不同螯合剂（如 EDTA）的特点和在不同行业领域中的应用，特别是氨羧螯合剂的作用。在讨论中强调团结协作的重要性，鼓励学生相互倾听，分享各自的观点和见解，形成合力，共同总结。每组总结他们的观点，讨论这些螯合剂在实际应用中的重要性，并体现团队合作的成果。]

（六）课外思考题

1. 螯合物与生物系统的关系

讨论螯合物在生物体内的功能，特别是它们如何影响金属离子的生物可利用性。举例说明特定金属（如铁、锌）螯合物在营养或药物中的作用。

2. 环境科学中的螯合物应用

探讨螯合物在环境科学中的应用，例如在重金属去除和土壤修复中的作用。你认为未来的研究方向是什么？

3. 配体设计与螯合物性能

研究不同类型配体（如单齿配体和多齿配体）对螯合物稳定性的影响。你认为如何设计更有效的配体？

（七）教学策略

1. 启发式教学：通过提问和讨论引导学生主动思考，激发他们对螯合物的好奇心。利用案例分析和生活中的实例，使学生理解螯合物的重要性。

2. 多媒体辅助：利用视频、动画和图示等多媒体工具，直观展示螯合物的结构、形成过程及应用。这种视觉化的学习方式可以帮助学生更好地理解复杂概念。

3. 理论与实践结合：设计相关实验，让学生通过实际操作，直观观察相关实验现象，加深对理论知识的理解。

（八）教学效果分析

1. 知识与技能：通过期末测试和课堂小测，学生对螯合物的基本概念、结构及其应用的理解程度普遍较高。大多数学生能准确描述螯合物的特性及其在生物体内的作用。

2. 过程与方法：小组讨论和合作学习活动促进了学生间的互动。反馈显示，学生在交流过程中提升了沟通技巧和增强了团队合作意识，能够更好地表达自己的观点。学生在课外思考题中展现出更为深入的思考能力，能够将所学知识应用于实际问题，体现出较强的批判性思维和创新能力。

3. 情感态度与价值观：在螯合物化学教学中，通过介绍螯合物的稳定性和选择性，学生不仅能理解化学反应的基础原理，还有助于他们理解团结协作的重要性，培养团队精神。

感悟动态平衡，敬畏生态和谐，共建可持续发展的未来
——以多相离子平衡教学为例

贾倩

- **教学内容** 多相离子平衡

- **课程性质** 专业基础必修课程

- **专　　业** 化学、化工及材料、药学等近源专业

- **授课对象** 大学一年级学生

- **本节内容思政元素融入简表**

章节	知识点	德育目标及德融教学概述	实现形式
第5章 第1节	多相离子平衡	多相离子平衡→辩证思维→生态平衡→人与自然的和谐共处 多相离子平衡→联系自然界和生活中众多相关的例子→理论与实际相结合，使学生意识到学习理论知识的重要性，主动提高专业素养	混合课堂☑ 思维导图☑

- **本节内容蕴含的思政元素分析**

多相离子平衡作为"沉淀平衡与沉淀滴定法"的基础内容，与自然界、医学、科学研究和工业生产等多个领域密切相关。在自然界中，溶洞的形成与沉淀溶解现象息息相关，珊瑚的五彩斑斓也源于此过程；在医学领域，肾结石的生成通常与难溶的弱酸盐有关（图11-1）；在科学研究与化工生产中，沉淀反应被广泛应用于材料制备、杂质分离和污水处理。这些例子既展现了沉淀反应对我们生活的积极作用，也提醒我们其潜在的负面影响。通过学习多相离子平衡的理论知识，让学生深刻体会到理论与实际的紧密联系，认识到理论学习的重要性。同时，教学

过程中要引导学生运用所学知识分析生活中的现实问题，趋利避害，从而更好地为生活和社会服务。

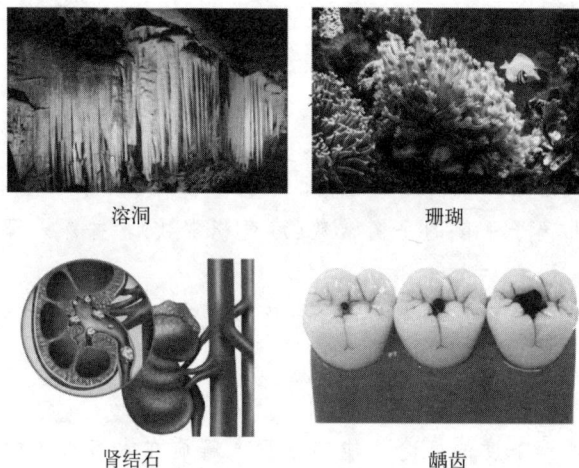

图 11-1　与多相离子平衡相关的例子

　　水溶液中物质的溶解性是讨论沉淀溶解反应的基础内容。学生虽然在中学阶段已初步掌握了溶解度的概念，但对其理解仍存在一定的局限性。因此，教学的重点将放在深入讨论物质在水溶液中溶解性的关键参数——溶解度与溶度积，以及它们之间的关系上，这将为进一步学习多相离子平衡相关理论打下坚实基础。

　　另外，可以通过结合生态平衡的概念，向学生讲解多相离子平衡的建立过程。在特定条件下，难溶强电解质在水溶液中会形成固体与溶液中离子之间的平衡，这是多相离子平衡。该现象与生态平衡有类似之处，生态平衡是指在一定时间内，生态系统中的生物与环境、生物各个种群之间形成的统一协调状态。就像多相离子平衡，生态平衡既可以正向移动，也可能逆向移动。生态系统在动态演变过程中，既有阶段性稳定的平衡，也存在平衡被打破并重新建立的情况。任何环境或人为因素都可能打破暂时的生态平衡，导致连锁反应，最终形成新的平衡。而人为对生态平衡的破坏，往往会促使生态系统向不利于人类的方向发展。

　　通过将多相离子平衡与生态平衡相联系，学生不仅能够理解平衡的动态特性，还能深刻体会人与自然和谐相处的重要性。这样引导学生尊重大自然，维护生态平衡，从而培养他们对环境保护的责任感和科学认知能力。

⤵ **教案设计**

一、教学目标

（一）知识目标

1. 了解溶解度的定义及表示方法。
2. 理解沉淀溶解平衡的建立过程，掌握多相离子平衡的基本原理。
3. 掌握多相离子平衡的平衡常数（溶度积常数），并深入理解溶解度与溶度积之间的关系。
4. 理解同离子效应与盐效应的概念及其在多相离子平衡中的作用。

（二）能力目标

1. 通过学习溶解度的概念，能够根据电解质在水溶液中的溶解性对其进行科学分类。
2. 通过对溶解度和溶度积的学习，能够在对比分析和归纳总结的过程中，掌握二者的相同点和不同点，并准确判断难溶强电解质溶解度的相对大小。
3. 能够将多相离子平衡的理论知识应用于解释生活中与沉淀溶解平衡相关的实际案例。

（三）价值目标

1. 培养学以致用的能力：通过联系自然界和生活中与多相离子平衡相关的诸多实例，让学生不仅能够深刻体会理论与实践相结合的意义，还能够意识到学习理论知识的重要性，并将其应用于日常生活与学习中。
2. 维护生态平衡的意识：借助"多相离子平衡"教学内容，引导学生理解生态规律，增强他们对人与自然和谐相处的认知与责任感。

二、教学内容分析

（一）教学内容

1. 溶解度的定义、表示及依据溶解性对电解质的分类。
2. 多相离子平衡的建立过程与相关原理。
3. 溶度积常数的概念及其正确的书写形式。
4. 溶解度与溶度积之间的相同点、不同点及其相互关系。
5. 同离子效应和盐效应的基本概念及其在溶解平衡中的作用。

（二）教学重点

1. 多相离子平衡：重点介绍难溶强电解质的溶解过程和沉淀过程。需要学生理解多相离子平衡是一个动态平衡。

2. 溶度积常数：重点介绍溶度积常数的概念、书写。需要学生掌握溶度积常数与其他标准平衡常数一样，只是温度的函数，与溶液中的离子浓度、溶液中的固体量的多少无关。

3. 同离子效应：依据平衡移动规则，需要学生理解平衡的移动结果。

（三）教学难点

1. 多相离子平衡：讨论溶解度与溶度积之间的相同点、不同点及其内在关系。

2. 溶解度和溶度积的转化：溶解度与溶度积之间的换算关系较为复杂，教学中所涉及的计算关系仅适用于难溶强电解质的情况。

3. 同离子效应与盐效应对溶解度的影响：需要讲解两者对溶解度的不同作用机制，并指出，当同离子效应与盐效应同时存在时，学生常难以判断它们对溶解度的主导影响。

（四）教学设计

课堂环节	时间	教师活动	学生活动	教材教具
导入/暖身 bridge-in	3分钟	教师联系生活中的实际——溶洞、珊瑚、肾结石和龋齿,引导学生思考"为什么会发生这些现象"	观看 PPT、倾听、思考、讨论、师生交流	手机、电脑、投影仪、翻页笔
学习目标 objectives	1分钟	引出本节课教学目标	倾听	电脑、投影仪、翻页笔
参与式学习 participatory learning	3分钟	讲授:溶解度的定义	请学生判断不同化合物的溶解性	电脑、投影仪、翻页笔
	9分钟	讲授:多相离子平衡的建立	倾听、交流	电脑、投影仪、翻页笔
	5分钟	引导学生理解溶度积常数;板书、教师总结	倾听、交流	电脑、投影仪、翻页笔
	5分钟	思考:溶解度和溶度积常数之间的相同点、不同点	讨论、交流	电脑、投影仪、翻页笔
	8分钟	针对不同类型的难溶强电解质,讲授溶度积常数与溶解度之间的转化	学生使用三步法进行计算,得到转化公式与结论	电脑、投影仪、翻页笔

续表

课堂环节	时间	教师活动	学生活动	教材教具
参与式学习 participatory learning	5分钟	结合沉淀溶解平衡实例,学生判断:改变其中条件之一,平衡如何移动? 理解同离子效应,并通过习题进行验证	交流、思考、讨论	电脑、投影仪、翻页笔
	4分钟	讲授:盐效应,并引导学生思考盐效应产生的原因	倾听、思考、讨论	电脑、投影仪、翻页笔
课堂小结 summary	2分钟	总结本节课程内容,布置课后讨论与作业	思考、讨论、理解	电脑、投影仪、翻页笔

（五）教学过程

1. 导入

前面讲解了酸碱平衡与酸碱滴定法，学生已经能够运用这些理论知识进行实验设计、数据分析及问题解答。接下来将进入多相离子平衡的学习，掌握相关理论后，学生也将具备分析和解决实际问题的能力。

提问：在我们的日常生活中，有哪些现象与多相离子平衡或沉淀溶解反应有关呢？

事实上，许多自然现象都与多相离子平衡息息相关。比如，大自然鬼斧神工的溶洞、色彩斑斓的珊瑚礁；在医学领域，常见的钡餐检查，以及让人苦不堪言的肾结石。这些例子中，既有对我们有益的自然现象，也存在对我们不利的情况。通过深入学习多相离子平衡的理论知识，大家可以运用所学知识分析现实中的这些现象，善加利用有利的自然规律，规避不利影响，使理论与实践紧密结合，更好地服务于我们的生活。

2. 溶解度

提问：在中学时，我们学习过溶解度，那什么是溶解度呢？

在一定温度下，达到溶解平衡时，一定量的溶剂中含有溶质的质量，称为溶解度，通常以符号 s 表示。对水溶液来说，通常以饱和溶液中每 $100g$ 水所含溶质的质量来表示，即以 $g/100g\ H_2O$ 表示。一般将溶解度大于 $0.1g/100g$ H_2O 的物质称为易溶电解质，将溶解度在 $(0.01\sim0.1)g/100g\ H_2O$ 的物质称为微溶电解质，将溶解度小于 $0.01g/100g\ H_2O$ 的物质称为难溶电解质。但应注意，难溶并非绝对不溶，只是溶解的程度比较小而已。本节主要讨论微溶和难溶（以下统称为难溶）强电解质的沉淀溶解平衡。

电解质在水溶液中的溶解度也可以用该电解质在水中溶解物质的量浓度来表示(mol/L)。为了方便计算，本书如不作特别说明，所指的溶解度均采用物质的量浓度来表示。尽管难溶强电解质在水溶液中溶解度很小，但溶解在水溶液中的强电解质是全部解离的。溶液中不存在水合强电解质分子。相关知识点汇总见图 11-2。

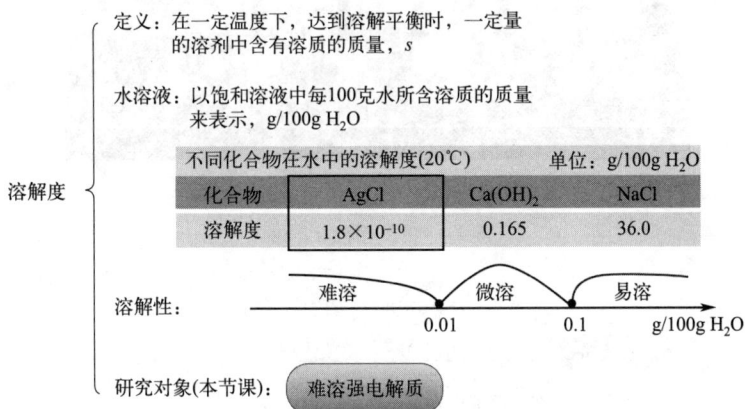

图 11-2　溶解度相关知识点

3. 多相离子平衡

在一定温度下，将难溶电解质晶体放入水中，会同时发生溶解和沉淀两个过程。以 AgCl 晶体放入水中为例，晶体表面的 Ag^+ 和 Cl^- 受到水分子的作用，会有部分 Ag^+ 和 Cl^- 离开晶体表面，成为水合离子进入溶液中，这个过程称为溶解。与此同时，溶液中的 Ag^+ 和 Cl^- 在不断运动中相互碰撞，或与未溶解的 AgCl 晶体表面碰撞，从而以 AgCl 固体形式析出，这一过程称为沉淀。在一定条件下，当溶解与沉淀的速率相等时，系统就会建立一种动态的多相离子平衡(图 11-3)。

(课程思政　多相离子平衡现象广泛存在于自然界与日常生活的方方面面，这些现象既为我们带来益处，也伴随着潜在的负面影响。这提醒我们在科学探索中，要始终秉持辩证思维，客观看待事物的双重性。)

4. 溶度积

多相离子平衡是一个动态平衡，与酸碱解离平衡一样，当达到平衡时，服从化学平衡的一般规律。多相离子平衡的标准平衡常数又称为溶度积常数。溶度积常数的书写见图 11-4。

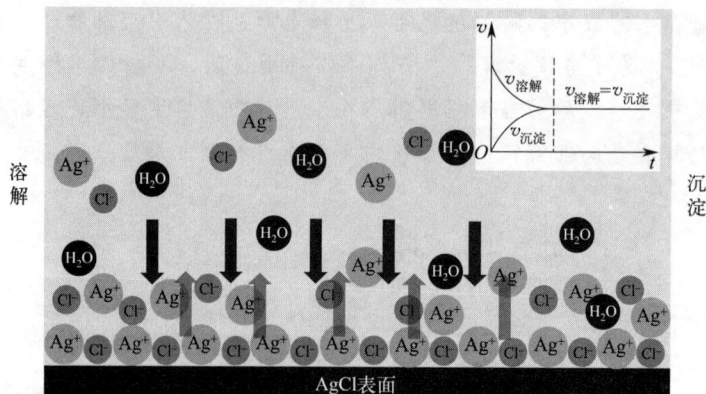

◆多相的动态平衡　　　　◆饱和溶液

图 11-3　多相离子平衡

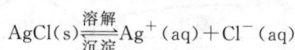

$$AgCl(s)\underset{沉淀}{\overset{溶解}{\rightleftharpoons}}Ag^+(aq)+Cl^-(aq)$$

溶度积常数 ⟶ $$K^\ominus=\frac{c^{ep}(Ag^+)}{c^\ominus}\times\frac{c^{ep}(Cl^-)}{c^\ominus}=[Ag^+][Cl^-]$$

一般沉淀反应,在水溶液中存在平衡:

$$A_mB_n(s)\rightleftharpoons mA^{x+}(aq)+nB^{y-}(aq)$$

$$K_{sp}^\ominus=[A^{x+}]^m[B^{y-}]^n$$

图 11-4　溶度积常数的书写

（课程思政　多相离子平衡与生态平衡的动态特性提醒我们，保护生态平衡不仅是对自然的责任，也是促进人类可持续发展的必要措施。我们应当增强环保意识，积极参与生态保护，以实现经济发展与生态保护的双赢。）

5. 溶度积与溶解度的关系

溶度积和溶解度均用于表示物质的溶解能力，但两者存在显著区别。溶度积在稀溶液中不受其他离子的影响，仅受温度影响；而溶解度不仅与温度有关，还受到溶液组成、pH 值和氧化还原反应等因素的影响。两者之间可以进行换算，但在换算时，溶解度的单位必须为物质的量浓度（mol/L）。

从数据（图 11-5）可以看出，对于相同类型的难溶电解质，溶度积较大时，溶解度也相应较大，因此可以通过溶度积直接比较其溶解度的大小。然而，对于不同类型的难溶电解质，则不能仅根据其溶度积来比较溶解度的相对大小，必须通过溶度积计算溶解度进行比较。需要强调的是，溶解度与溶度积之间的关系较为复杂，上述换算关系仅适用于难溶强电解质，而对于难溶弱电解质，由于其在溶液中未完全电离，上述换算关系不再适用。

电解质类型	化学式	溶度积 $K_{sp}^{\ominus}$	溶解度/(mol/L)	换算公式
AB	AgCl	1.8×10^{-10} $\longrightarrow$	1.3×10^{-5}	$K_{sp}^{\ominus} = s^2$
AB	BaSO$_4$	1.1×10^{-10}	1.05×10^{-5}	$K_{sp}^{\ominus} = s^2$
AB$_2$	Mg(OH)$_2$	1.8×10^{-11}	1.7×10^{-4}	$K_{sp}^{\ominus} = 4s^3$
A$_2$B	Ag$_2$CrO$_4$	1.1×10^{-12} $\longrightarrow$	6.6×10^{-5}	$K_{sp}^{\ominus} = 4s^3$

◆相同类型的难溶电解质，溶度积越大，溶解度越大，可以通过溶度积直接比较溶解度的相对大小。

◆不同类型的化合物，要通过计算才能确定溶解度相对大小。

$$K_{sp}^{\ominus}(\text{AgCl}) > K_{sp}^{\ominus}(\text{Ag}_2\text{CrO}_4) \qquad s(\text{AgCl}) < s(\text{Ag}_2\text{CrO}_4)$$

图 11-5　不同类型化合物的溶解度与溶度积换算

6. 同离子效应和盐效应

影响多相离子平衡的因素众多，这里主要讨论影响难溶电解质溶解度的两种效应——同离子效应和盐效应。

同离子效应与弱酸或弱碱溶液中的解离平衡相似。当在多相离子平衡体系中加入含有相同离子的易溶强电解质时，难溶电解质的溶解度降低，这一现象称为同离子效应。同离子效应在分析化学中广泛应用。例如，在重量分析中，常加入过量的沉淀剂，以利用同离子效应降低沉淀的溶解度，从而使沉淀趋于完全(即溶液中残留的离子浓度小于 10^{-5} mol/L)。

盐效应是指在难溶电解质的饱和溶液中加入其他强电解质，使难溶电解质的溶解度在与纯水相同温度下增大的现象。例如，在 AgCl 的饱和溶液中加入 KNO$_3$ 溶液时，AgCl 的溶解度会略微增加。这种盐效应的产生是因为加入易溶强电解质后，溶液中各种离子的总浓度增大，离子强度提高，离子间的相互牵制作用增强，正负离子的有效浓度降低，从而使平衡向溶解的方向移动，导致溶解度略有增加。

在加入含有相同离子的强电解质时，既会产生同离子效应，也会产生盐效应。此时，哪种效应更显著呢？在浓度较小时，同离子效应随浓度增加而增强；当浓度达到一定值后，盐效应的影响则会逐渐增强。

(六) 课外思考题

1. 结合多相离子平衡的知识，如何理解溶洞的形成、珊瑚的构建、肾结石的生成以及龋齿的发生机制？

2. 在烹饪中，菠菜和豆腐的搭配是否可行？这种组合在营养和健康方面有哪些考虑？

（七）教学策略

1. 可视化教学：利用多媒体工具（如动画）帮助学生直观理解多相离子平衡的建立过程。通过生动的视觉表现，复杂的概念变得易于理解，这能增强学生的学习兴趣和参与感。

2. 问题引导式学习：通过设计问题，引导学生思考自然界和生活中与多相离子平衡相关现象产生的原因。采用"概念引入→概念讲解→概念应用"的教学思路，让学生对知识体系形成立体而系统的感知，加深对多相离子平衡的理解。

（八）教学效果分析

1. 知识与技能：掌握多相离子平衡，能够运用所学知识分析多相离子平衡在日常生活和科学研究中的常见现象。

2. 过程与方法：在授课时，首先引入自然界和生活中常见的与多相离子平衡相关的例子，以引出溶解度的概念；接着，通过动画展示多相离子平衡的建立过程，引出溶度积的概念；最后，通过对比分析溶解度和溶度积这两个参数的共同点与不同点，帮助学生归纳总结二者之间的关系，并提出课后思考题以激发学生深入思考。

3. 情感态度与价值观：借助"多相离子平衡"的教学内容，引导学生理解生态规律，体会人与自然和谐相处的重要性，学会尊重大自然、尊重生态平衡；通过联系自然界和生活中与沉淀溶解相关的诸多实例，使学生体会到理论与实际相结合的意义，意识到学习理论知识的重要性，进而主动提升专业素养。

绿色化学视角下的教学实践与家国情怀培养

——以高锰酸钾滴定法为例

李卓飞

- ➲ **教学内容　氧化还原滴定法的应用——高锰酸钾滴定法**

- ➲ **课程性质　专业基础必修课程**

- ➲ **专　　业　化学、化工及材料、药学等近源专业**

- ➲ **授课对象　大学一年级学生**

- ➲ **本节内容思政元素融入简表**

章节	知识点	德育目标及德融教学概述	实现形式
第 6 章 第 8 节	氧化还原滴定法的 应用——高锰酸钾滴定法	$KMnO_4$ 滴定法的应用→水体需氧量的 测定→绿色环保意识	混合课堂☑ 思维导图☑

➲　本节内容蕴含的思政元素分析

高锰酸钾以其强氧化性著称，能够氧化多种还原性物质。高锰酸钾滴定法作为氧化还原滴定的重要手段，在众多领域中扮演着关键角色，包括但不限于还原剂浓度的定量分析，以及水样、药物、食品、工业产品的组成分析。然而，高锰酸钾本身的稳定性易受空气中还原性物质的干扰，因此在实验操作过程中，对环境的控制和采取减少误差的措施至关重要。在间接法配制高锰酸钾标准溶液时，精准的称量、计算和滴定操作是不可或缺的，这不仅要求学生具备严谨的科学素养，也是科研人员专业素质的体现。此外，标准溶液的配制还考验着学生的耐心和细心，这不仅是对实验技能的考验，更是对敬业精神的培养。敬业精神不仅代表了对工作的热忱和责任感，更是实现个人价值和社会价值的重要因素。

在高锰酸钾滴定过程中，通过观察高锰酸钾溶液的颜色变化来判断滴定终点，从而计算出待测物质的含量。当达到化学计量点，即氧化还原反应的终点时，高锰酸钾的红色消失，标志着滴定反应完全。因此也可以说观察高锰酸钾滴定法中的量变是通过准确测量反应物的物质的量来实现的，而观察质变则是通过高锰酸钾的颜色变化来判断化学反应的终点。这两者是相辅相成的，量变最终导致了质变，质变又为量变的测定提供了可视化的终点。这里可以通过量变和质变的辩证关系引导学生明白日常行为和学习习惯积累的重要性。大学的学习过程也要日积月累、循序渐进，每天坚持学习，积累知识，扩展视野，这是量变的体现。通过不断的量变积累，学生的理论水平和思想境界可以得到提升。当学生的理论学习、实践经验和个人修养积累到一定程度时，就可能出现质的飞跃——综合素养和能力的突飞猛进，正所谓"不积跬步无以至千里"。

高锰酸钾滴定法最常见的一个应用是水体需氧量的测定，通过测定水样中还原性物质被高锰酸钾氧化所消耗的氧化剂量，来反映水体受有机物污染的程度。结合"绿水青山就是金山银山"的科学理念，我们可以在教学中融入环保、健康与安全意识，强调地球是人类共同的家园，并教育学生树立保护环境的法治观念。同时，我们应当强调化学需氧量测定在水资源保护中的关键作用，并倡导学生自觉遵守环保法律法规和实验操作规程，以实现可持续发展的目标。

▶ 教案设计

一、教学目标

（一）知识目标

1. 掌握高锰酸钾滴定法的基本原理及滴定方式的分类。
2. 理解高锰酸钾标准溶液的配制，掌握高锰酸钾标准溶液的标定。
3. 理解返滴定法中水体需氧量测定的原理及掌握高锰酸钾指数的计算。

（二）能力目标

1. 能够根据高锰酸钾滴定法的测定对象分析该法采用了哪种滴定方式，培养学生的逻辑思维能力。
2. 能够根据高锰酸钾滴定法的理论知识解决实际问题，增强学以致用的意识。
3. 能够通过小组合作讨论，培养学生在团队中分工协作的能力，促进学生团队合作精神的形成，提升表达交流能力。

（三）价值目标

1. 激发团队精神：通过小组讨论，培养学生的团队合作能力，鼓励他们在合作中相互学习，取长补短，共同完成学习任务。

2. 强化环保意识：通过水体需氧量测定的学习，增强学生的环保意识，使其理解环境保护是每个人的责任。

3. 知行合一：结合高锰酸钾滴定法在生产生活中的实际应用，鼓励学生理论联系实际，为国家繁荣贡献力量。

二、教学内容分析

（一）教学内容

1. 高锰酸钾滴定法的基本原理。
2. 高锰酸钾标准溶液的配制与滴定。
3. 高锰酸钾滴定法的应用。

（二）教学重点

1. 高锰酸钾滴定法的原理及不同滴定方式反应条件的区分。
2. 标定高锰酸钾标准溶液的注意事项。
3. 水体需氧量测定的化学计量关系的建立及在滴定过程中需注意的事项。

（三）教学难点

1. 高锰酸钾滴定法涉及氧化还原反应的定量分析，要求学生理解电子转移的基本概念，以及如何根据反应方程式计算所需物质的量。

2. 要求学生理解化学需氧量（COD）是衡量水体中有机物含量多少的指标，以及它与水体污染程度之间的关系。

3. 要求学生掌握高锰酸钾与水中的有机物氧化还原反应的定量关系，以及如何根据反应方程式计算 COD 值。

（四）教学设计

采用知识拓展型的研究型课堂：翻转教学。

翻转教学：

课前：下达学习任务单，学生按照任务单要求自主学习包括慕课视频在内的相关资源，完成相应测试和讨论，自检学习效果。

课中：理论知识和相关实验内容相结合讲述；小组协作讨论；教师个别化指导；学生展示汇报；教师讲解重点难点；布置后续任务。

课后：课堂延伸，师生线上讨论，完成课程作业。

课堂环节	时间	教师活动	学生活动	教材教具
导入/暖身 bridge-in	3分钟	教师联系氧化还原反应的相关内容,引导学生思考高锰酸钾滴定法的原理	观看PPT、倾听、思考、讨论、师生交流	电脑、投影仪、翻页笔
学习目标 objectives	2分钟	引出本节课的教学目标与要求	倾听、思考	电脑、投影仪、翻页笔
参与式学习 participatory learning	10分钟	利用慕课堂布置的任务,引导学生思考、聆听学生发言。教师总结:对知识点进行逻辑梳理,引出高锰酸钾标准溶液的标定方法	慕课堂随机点名,请两位同学分别讲授高锰酸钾标准溶液的配制方法以及采取该方法配制的原因	电脑、投影仪、翻页笔
	12分钟	结合慕课堂课前布置的任务,引导学生思考、倾听学生发言,教师总结	慕课堂随机点名,请同学回答相关问题、讨论	电脑、投影仪、翻页笔
	10分钟	案例式教学:以无锡太湖水体富营养化引出水体需氧量的测定	自由讨论、学生讲解、教师总结	电脑、投影仪、翻页笔
	7分钟	讲授:结合本节课所学知识引导学生理解高锰酸钾滴定法的应用	倾听、思考、讨论	电脑、投影仪、翻页笔
课堂小结 summary	1分钟	布置课后作业,线上交流以下问题: 如何检测工业废水的排放以确保其符合相关环保标准?当工业废水中有机物污染严重时,如何有效减少有机物含量以保护水环境	线上交流	电脑、手机

（五）教学过程

1. 导入

高锰酸钾滴定法是一种常见的氧化还原滴定法,优点是氧化能力强,可以采用直接、间接、返滴定等多种滴定方式,适用于多种有机物和无机物的精确测定,因此在化学、化工、生物、环境等多个科学领域中占据了不可或缺的地位。高锰酸钾的发现可追溯至18世纪末,由瑞典化学家卡尔·威尔海姆·舍勒（Carl Wilhelm Scheele）发现。在1846年,法国科学家马格里特（F. Margueritte）首次采用高锰酸钾滴定法测定铁的含量,此后,该方法也扩展至其他可被还原的金属元素。而在1833年,法国化学家盖-吕萨克制定的银量法,以其高度的准确性与重量分析法媲美,在货币分析领域赢得了广泛的认可,进而激发了全球化学家对滴定法的兴趣，推动了滴定分析法的蓬勃发展。在这一高峰时期，氧化还原反应在滴定法中得到了广泛应用，催生了碘量法、高锰酸钾法、铈量法等一系列分析方法的建立。进入 20 世纪，我国化学家在高锰酸钾滴定法的研究与改进上做出了显著贡献，特别是在环境监测和水质分析领域。这些研究成果对于准确评估水体污染程度、维护生态环境健康具有重要意义。

　　（课程思政　通过探讨滴定分析法的发展历程，可以启发学生理解科学研究的内在需求——如马格里特和盖-吕萨克等化学家，通过不断实验和探索，发现了新的测定方法，充分展现了科学探究的实证精神以及对未知领域的强烈探索欲望。同时，银量法的建立推动了碘量法、高锰酸钾法等方法的进一步发展，启发学生认识到，科学进步往往不是孤立的成果，而是团队协作和知识传承的结晶。历史上的科学家们正是站在前人的肩膀上进行创新，这说明了团队合作与知识传承在科学进步中的重要性。）

　　2. 高锰酸钾标准溶液的配制与标定

　　课前要求学生预习慕课平台高锰酸钾标准溶液的配制方法以及草酸钠标定高锰酸钾时需要注意的条件。课中结合慕课堂请同学讲解为什么采用间接法配制高锰酸钾溶液，以及在采用草酸钠标定高锰酸钾时需要注意的条件。

　　市售的高锰酸钾试剂的纯度为 99%～99.5%，不满足基准物质的要求。此外，其中含有少量的硫酸盐、硝酸盐、二氧化锰和其他杂质，容易还原析出二氧化锰和水合二氧化锰沉淀。高锰酸钾还能自行分解，生成二氧化锰。而二氧化锰和锰离子又能促进高锰酸钾分解，若见光反应速率更快。所以高锰酸钾标准溶液只能间接配制。

　　草酸钠标定高锰酸钾需要注意的条件可以简单地描述为"三度一点"。"三度"，首先是温度，室温下这个反应进行缓慢，为了提高反应速率，要加热到 75～85℃进行滴定。但是温度不宜太高，温度超过 90℃，草酸会发生分解。其次是酸度，酸度太低，高锰酸钾会部分还原成二氧化锰，酸度太高，草酸会分解。再次是滴定速度，即便是在加热的情况下，高锰酸根离子与草酸根离子在没有催化剂时反应速率也很慢，第一滴高锰酸钾溶液滴入后，红色很难褪去，这个时候要等红色消失再滴加第二滴。加入几滴高锰酸钾后，反应速率明显加快，因为反应中生成的锰离子对反应具有催化作用，这时可以适当加快滴定速度，否则，加入的高锰酸钾在热溶液中来不及与草酸根离子反应而发生分解。到邻近滴定终点的时候，要减慢滴定速度。"一点"指的是滴定终点的判断。

（课程思政　在高锰酸钾标准溶液标定过程中，每一步操作都要求精准，因为这直接影响实验结果的准确性。同样的严谨态度，不仅应体现在实验中，更应渗透到我们生活的每个细节中。作为祖国未来的科学家、工程师或其他职业人士，我们每一个细微的操作，都可能对事业和社会的发展产生深远的影响。在滴定实验中，耐心和毅力至关重要。）

3. 高锰酸钾滴定法的应用——水体需氧量的测定

水是生命之源，与我们的生活息息相关。"绿水青山就是金山银山"的发展理念强调了环境保护的重要性。在这一理念的指导下，我们应当追求经济发展与环境保护的平衡，优先保障生态环境的质量。

化学需氧量（COD）是一项用于评估水体中有机物污染程度的指标，它表示在一定条件下，使用化学方法氧化水样中还原性物质所需的氧的量。COD值可以反映出水中还原性物质，特别是有机物的含量。这一指标的测定对于评估水体的污染程度，制定相应的污染治理措施具有重要的意义。

（课程思政　结合"绿水青山就是金山银山"的发展理念，我们应当加强化学需氧量等环保指标的监测，坚决打好污染防治攻坚战，守护好我们的绿水青山，让绿水青山成为我们永恒的财富。同时，也应当加强环保宣传教育，提高人们的环保意识，让每个人都能为保护环境，守护绿水青山贡献自己的一份力量。）

4. 拓展案例

2007年5月至6月间，中国江苏无锡的太湖由于工业污染排放和水产养殖使得水体富营养化，引发了严重的蓝藻污染事件。由于夏季东南风的影响，大量蓝藻聚集在无锡太湖沿岸，导致全城自来水污染，使得生活用水和饮用水严重短缺。结合我们所学的内容，师生讨论以下问题：

在湖泊富营养化问题研究中，对湖水需氧量应采用什么测定方法？

若想了解湖泊富营养化的程度和扩散速度，我们应该怎么做？

（六）课外思考题

1. 如何检测工业废水的排放以确保其符合相关环保标准？请结合溶解度、沉淀生成等相关知识，探讨不同的检测方法和指标。

2. 当工业废水中有机物污染严重时，如何有效减少有机物含量以保护水环境？请结合现有的处理技术，探讨如何通过物理、化学、生物等方法降低废水中的有机物含量，确保环保达标。

（七）教学策略

1. 问题引导式学习：以问题为导向，引导学生思考和探索高锰酸钾滴定法的实验原理，包括高锰酸钾的制备、性质以及它在氧化还原滴定中的应用。特别强调高锰酸钾的强氧化性以及在实验过程中可能产生的干扰因素。通过分组讨论、数据分析，提高学生积极探索和解决复杂科学问题的能力。

2. 实验与理论结合：在讲解高锰酸钾滴定法的理论基础上，设计拓展实验，结合标准溶液的配制与标定方法，通过实验验证理论知识，强化学生的实践能力和理论应用能力。

3. 案例教学：通过实际环境案例，引导学生从实际出发，理解水体需氧量测定的原理，教授学生如何从实验数据中计算物质的含量，如何处理实验结果，以及如何判断实验中可能出现的误差。

4. 分层教学与个性化指导：通过慕课平台和线上线下混合教学，根据学生的不同学习能力，精心设计了一系列分层次的学习任务，确保每位学生都能在适合自己的层面上得到锻炼和提升。对于学有余力的学生，提供更具挑战性的任务和深入讨论的机会，以此激发他们的学习潜能，促进他们创新思维和批判性思维能力的发展。

（八）教学效果分析

1. 知识与技能：通过学习高锰酸钾滴定法，学生能够深刻理解高锰酸钾在氧化还原滴定中的关键作用原理，以及掌握具体的操作步骤和相关的化学知识。在配制高锰酸钾标准溶液和进行滴定实验的过程中，学生的化学实验技能得到了显著提升，比如对实验数据的准确记录和深入分析。

2. 过程与方法：通过以案例为基础的教学方式，深入掌握科学研究的基本步骤，包括问题提出、实验设计、现象观察、数据分析和结论总结；利用小组合作与课堂报告的形式，提高沟通与协作能力，学会有效表达个人观点以及整合团队研究成果。

3. 情感态度与价值观：感受高锰酸钾滴定法中的创新精神，激发对科学探索的热情，培养对未知领域的好奇心和探索欲；学习突破传统框架的勇气，树立为社会和环境贡献力量的责任感，理解科学知识对于社会的实际应用价值；在实践活动和集体讨论中，认识团队合作的重要性，体会集体智慧在解决复杂问题中的作用，培养合作精神，为未来的学习和工作打下坚实的基础。

砥砺前行，笃行致远

——以硫化物沉淀的生成教学为例

李志春

⊃ **教学内容** 硫化物沉淀的生成

⊃ **课程性质** 专业基础必修课程

⊃ **专　　业** 化学、化工及材料、药学等近源专业

⊃ **授课对象** 大学一年级学生

⊃ **本节内容思政元素融入简表**

章节	知识点	德育目标及德融教学概述	实现形式
第5章 第2节	硫化物沉淀 的生成	溶度积常数→反应商→联系前沿基础研究，激发学习兴趣，培养科学精神→厚基础，解决显示领域"卡脖子"问题	混合课堂☑ 思维导图☑

⊃ **本节内容蕴含的思政元素分析**

2023年诺贝尔化学奖授予了美国麻省理工学院教授蒙吉·G·巴文迪（Moungi G. Bawendi）、美国哥伦比亚大学教授路易斯·E·布鲁斯（Louis E. Brus）以及美国纳米晶体科技公司科学家阿列克谢·伊基莫夫（Alexey I. Ekimov），以表彰他们在量子点的发现与发展方面的杰出贡献。这一研究成果架起了现实世界与"量子世界"之间的桥梁。

量子点具有优异的光电性能，包括高量子产率、窄荧光发射峰、小颗粒尺寸无散射损失以及可调光谱（见图13-1）。作为理想的发光材料，量子点成为全球在高色域、柔性和大面积显示等领域竞争最为激烈的前沿新型材料之一。量子点显示技术因其高清晰度、高动态范围和逼真色彩，正在引领下一代分辨率革命，展现出巨大的商业应用潜力。

金属硫族量子点是具有代表性的材料。1993年，麻省理工学院的 Bawendi 课

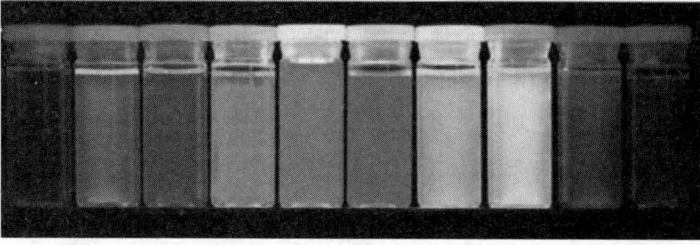

图 13-1　随量子点尺寸变化的不同发光波长

题组通过将有机金属化合物注入高温溶剂中，利用溶液中的热分解和成核生长过程，成功制备出分散性良好的硒化镉（CdSe）等金属硫族量子点。这些量子点的直径范围约为 $1\sim12nm$，具有一致的晶体结构，并呈现出尺寸依赖的光发射和吸收特性。受这些先驱成果的启发，后续的科学家们广泛探讨了量子点的生长机理、核壳结构工程以及表面配体化学等基础科学问题。随着这些基础研究的推进，量子点技术不断发展，高质量的量子点已从最初的 II-VI 族 CdSe 量子点扩展到其他半导体化合物，如 PbS 量子点、InP 量子点以及 $CuInS_2$ 量子点等。

目前，中国在传统量子点材料（如 CdSe 和 InP）的专利申请上起步较晚，比国外晚了近十年。在 2000 年之前，中国几乎没有量子点相关的专利申请。而 QD Vision、Nanoco、Nanosys 等国外公司则掌握了量子点技术的核心专利，设置了专利、价格和环保三重壁垒。在这种严峻的形势下，我国的纳晶科技公司迎难而上，在传统的 Cd 系量子点领域不断取得突破，逐渐在全球量子点产业中占有一席之地。尽管在传统 QLED 领域的专利布局和产业发展方面仍处于追赶状态，但中国的科研人员仍然不懈努力，以严谨的态度和创新的思路，在量子点显示技术的"高地"上取得更多突破，解决显示领域的"卡脖子"问题。

在完成溶解度、溶度积常数和反应商等基础知识的学习后，结合本次课程内容，引导学生深入理解"硫化物沉淀的生成"这一化学概念，了解其产生原因和实现路径。同时，让学生深刻体会到，高科技产业的每一次微小进步都极为艰难，其关键在于扎实的基础研究。只有通过深入的基础研究，才能为中国高科技产业的发展奠定坚实基础。因此，做好基础研究至关重要，这也能培养学生严谨务实、勇于探索的科学精神，以及对学科和专业的热爱。

钙钛矿量子点具备可调谐的光电性能、窄带光致发光半峰宽以及高量子产率等突出优势，使其在 LED 照明、光电探测器、激光器件、光伏设备及传感器等领域展现出广阔的应用前景。然而，钙钛矿量子点的稳定性较差，成为其应用推广的主要限制因素。为提升其稳定性，可以通过在量子点表面负载适量的金属硫化物，从而增强其光稳定性，进一步扩大其应用范围。

在钙钛矿量子点（$CsPbBr_3$）的甲苯溶液中，加入适量的十二烷基二甲基硫化铵（S^{2-}-DDA^+），再加入一系列金属盐，并在室温下进行壳层材料的生长，使生成的金属硫化物"S-M"沉积于 $CsPbBr_3$ 纳米晶体表面，从而起到保护作用并提高其稳定性。通过分析结果发现，具有较小溶度积常数的金属硫化物能够更有效地增强钙钛矿·硫-金属纳米晶体（$CsPbBr_3$·S-M）的光稳定性（图 13-2）。例如，$CsPbBr_3$·S-In、$CsPbBr_3$·S-Ni 和 $CsPbBr_3$·S-Mn 对应的金属硫化物的溶度积常数分别为 5.01×10^{-97}、5.01×10^{-32} 和 1.58×10^{-32}，数值极小，因此它们表现出更为优异的光稳定性。这是由于 $CsPbBr_3$ 表面聚集了溶度积常数较小且更稳定的金属硫化物，能够在光照条件下更好地发挥保护作用。

相反，光稳定性最差的 $CsPbBr_3$·S-Mg 和 $CsPbBr_3$·S-Sr 纳米晶体溶液，对应的金属硫化物（MgS 和 SrS）在潮湿条件下容易水解，其溶度积常数分别为 2.00×10^{-4} 和 3.98×10^{-4}。这一研究结果可以作为实例，用于引导学生理解沉淀生成与溶度积常数之间的关系。

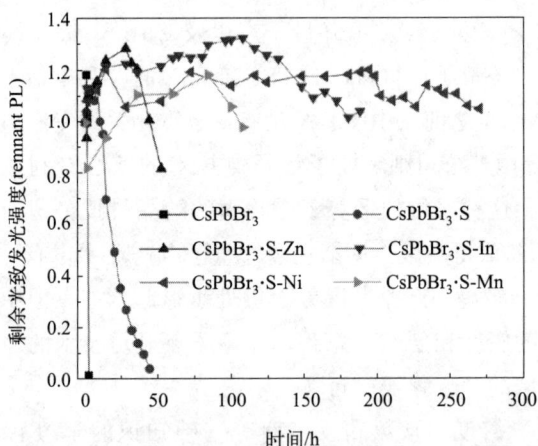

图 13-2　室温下 $CsPbBr_3$、$CsPbBr_3$·S、$CsPbBr_3$·S-Zn、$CsPbBr_3$·S-In、

$CsPbBr_3$·S-Ni、$CsPbBr_3$·S-Mn 溶液分别在波长 450nm LED

光源下照射的光稳定性图（功率密度 $175mW/cm^2$）

2023 年 2 月 21 日，总书记习近平在中共中央政治局第三次集体学习时强调，加强基础研究，是实现高水平科技自立自强的迫切要求，是建设世界科技强国的必由之路。我国面临"卡脖子"技术问题，根子是基础理论研究跟不上，源头和底层的东西没有搞清楚。它们不一定是最新、最亮眼的，却亟须有人去一层层抽丝剥茧、一次次试错改进、一点点精益求精。因此，我们需要不断引导学生，加强基础课程的学习，方能"万丈高楼平地起"。

➲ 教案设计

一、教学目标

（一）知识目标

1. 掌握溶度积常数、溶解度的概念及它们之间的关系，理解溶度积规则及其在沉淀生成中的应用。

2. 掌握影响硫化物沉淀生成的主要因素。

3. 引导学生思考化学基础知识在实际应用和科学研究中的重要性。

（二）能力目标

1. 能够运用溶度积规则分析硫化物沉淀生成的条件，熟练计算并判断是否会形成沉淀。

2. 能解释如何通过调节离子浓度、温度等因素控制沉淀过程。

3. 通过探讨硫化物量子点的实际应用，学生能够提出问题并自主探究溶度积规则的实际意义。

（三）价值目标

1. 培养科学精神：通过"硫化物沉淀的生成"这一基础理论，并结合无机化学中的前沿课题——"硫化物量子点"，引导学生运用所学知识探索科学问题，激发他们的学习兴趣。同时，使学生深刻理解扎实的基础知识在科学研究中的重要性和深远意义。

2. 激发创新意识：在理解并应用硫化物沉淀生成的过程中，鼓励学生提出创新性的问题和思路，培养创新能力。

3. 发展跨学科思维：结合新工科的教学理念，鼓励学生将硫化物沉淀的生成与物理学、材料科学等其他学科的知识结合起来，培养跨学科思维能力，提升综合解决问题的能力。

二、教学内容分析

（一）教学内容

1. 2023 年诺贝尔化学奖与硫化物量子点。

2. 溶度积规则。

3. 硫化物沉淀的生成。

4. 例题讲解与规律总结。

5. 拓展研究。

（二）教学重点

1. 溶度积规则：重点讲解反应商与溶度积常数之间的关系。

2. 沉淀的生成：应用溶度积规则判断硫化物沉淀是否生成，要求学生能够运用理论知识初步解释实际化学现象和实验结果。

（三）教学难点

1. 沉淀的生成：如何控制溶液的酸度使金属硫化物生成沉淀。

2. 理论与实际结合：将溶度积规则应用于解释具体的实验现象或解决实际问题。

（四）教学设计

课堂环节	时间	教师活动	学生活动	教材教具
导入/暖身 bridge-in	5分钟	以2023年诺贝尔化学奖为例，介绍硫化物量子点	观看PPT，倾听、思考、师生交流	电脑、投影仪、翻页笔
学习目标 objectives	2分钟	通过对硫化物量子点进行简单的评价道出这次课的学习目标	倾听、思考	电脑、投影仪、翻页笔
参与式学习 participatory learning	10分钟	引导学生思考、倾听学生发言。教师总结：对知识点进行逻辑梳理，引出溶度积规则的概念	随机点名，请两位学生分别讲授溶度积规则	电脑、投影仪、翻页笔
	12分钟	结合硫化物的溶度积常数，引导学生总结影响沉淀生成的因素，教师总结规律	讨论交流，学生总结影响沉淀生成的因素	电脑、投影仪、翻页笔
	5分钟	例题讲解，聆听、评价、总结	思考、分组讨论，学生讲解	电脑、投影仪、翻页笔
	9分钟	拓展研究：结合参考文献引导学生理解沉淀生成与溶度积常数之间的关系	倾听、思考、讨论	电脑、投影仪、翻页笔
课堂小结 summary	2分钟	总结本节课程内容，结合显示领域"卡脖子"问题，强调厚基础的重要性	思考、讨论、理解	电脑、投影仪、翻页笔

（五）教学过程

1. 导入

2023年诺贝尔化学奖授予了"量子点的发现与合成"这一具有里程碑意义

的研究成果，其中硫化物量子点因其独特的光电性能成为这一领域的典型代表。硫化物量子点的广泛应用不仅推动了纳米材料科学的发展，还在生物医学成像、发光二极管和太阳能电池等领域产生了深远的影响。在此背景下，本节课将重点介绍硫化物沉淀的生成过程，探讨其在合成硫化物量子点中的关键作用。

（课程思政　通过介绍硫化物量子点的生成，结合"溶度积规则"与前沿科技，培养学生将基础知识应用于实际问题的能力，激发学生对学科的热爱与探索未知的科学精神。引导学生领悟到扎实的基础研究是科技创新的根本，只有坚持不懈，才能在未来的发展中抓住更多机遇，实现个人与社会的共同进步。）

2. 溶度积规则

溶度积规则用于描述溶液中离子浓度与沉淀生成和溶解之间的关系（图 13-3）。该规则揭示了溶液中的离子浓度乘积（即反应商）与溶度积常数之间的相互关系。当反应商等于溶度积常数时，溶液处于饱和状态，沉淀既不会生成也不会溶解；当反应商小于溶度积常数时，溶液尚未达到饱和，沉淀不会生成；当反应商大于溶度积常数时，溶液已过饱和，沉淀将开始析出。这一规则在化学平衡和沉淀反应的预测中具有重要的指导意义。

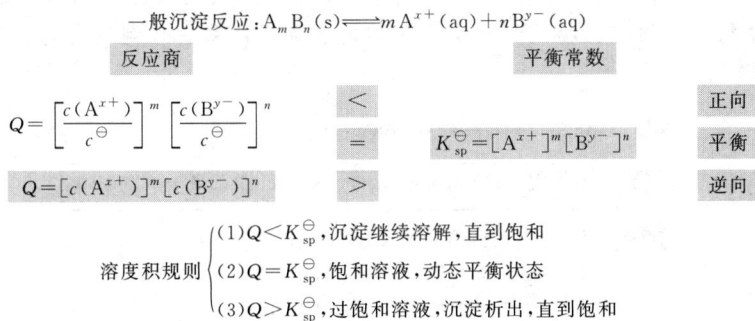

一般沉淀反应：$A_m B_n(s) \rightleftharpoons m A^{x+}(aq) + n B^{y-}(aq)$

反应商		平衡常数	
$Q = \left[\dfrac{c(A^{x+})}{c^{\ominus}}\right]^m \left[\dfrac{c(B^{y-})}{c^{\ominus}}\right]^n$	$<$		正向
	$=$	$K_{sp}^{\ominus} = [A^{x+}]^m [B^{y-}]^n$	平衡
$Q = [c(A^{x+})]^m [c(B^{y-})]^n$	$>$		逆向

溶度积规则 $\begin{cases} (1)\ Q < K_{sp}^{\ominus}，沉淀继续溶解，直到饱和 \\ (2)\ Q = K_{sp}^{\ominus}，饱和溶液，动态平衡状态 \\ (3)\ Q > K_{sp}^{\ominus}，过饱和溶液，沉淀析出，直到饱和 \end{cases}$

图 13-3　溶度积规则

（课程思政　溶度积规则揭示了离子浓度与沉淀生成的关系，体现了化学中的平衡思想。这一科学原理引导学生思考平衡的重要性，启发他们在生活与工作中应遵循"适度而为"的原则。无论是面对个人发展还是社会责任，只有在时机、努力中把握平衡，才能避免过度或不足的影响，达到最佳状态。这反映出科学与人生道理的共通性，可以培养学生科学严谨的态度和对生活的深刻思考。）

例题讲解环节结合溶度积规则，鼓励学生思考并通过分组讨论深入理解相关概念。针对一系列设计好的例题展开讨论，例如预测某一溶液中是否会生成沉淀，或计算在特定条件下溶液中的离子浓度。讨论结束后，每组学生向全班讲解他们的解题思路和过程，分享他们对溶度积规则在不同情境下的应用理解。通过这种互动式的学习方式，学生不仅能加深对理论知识的掌握，还能锻炼逻辑推理能力与团队协作能力。

3. 沉淀的生成

根据溶度积规则，当溶液中的反应商大于溶度积时，则会有沉淀析出。增加离子浓度，反应商 Q 逐渐变大，当其大于溶度积时，会有沉淀产生（图 13-4）。

以 Ag_2S 沉淀的生成为例（图 13-5）进行讲解。溶液中通入 H_2S 形成饱和溶液，形成二元弱酸，硫离子来源于溶液的解离。一定温度下，解离常数是定值，硫离子的浓度完全取决于溶液中氢离子的浓度。调控溶液的 pH，可以控制硫离子的浓度，进而 Q 值发生变化，当 Q 大于 Ag_2S 的溶度积常数时，产生沉淀。

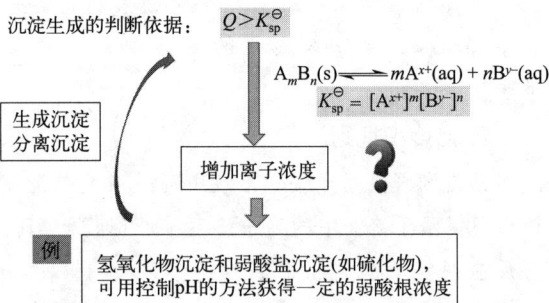

图 13-4　沉淀生成的判定规则

师生讨论，硫化物沉淀生成的过程中，溶液的 pH 影响硫离子的浓度，不同溶度积常数的硫化物沉淀时需要不同的硫离子浓度，控制酸度对沉淀的生成至关重要。

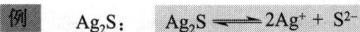

图 13-5　Ag_2S 沉淀的生成

结合具体例题，学生分析讲解：判断是否有 CdS 沉淀生成（图 13-6）。

在 0.30mol/L HCl 溶液中含有 0.1mol/L Cd^{2+}，室温下通入 H_2S 至饱和，此时是否有 CdS 沉淀生成？

[已知：$K_{a1}^{\ominus}=1.07\times10^{-7}$，$K_{a2}^{\ominus}=1.26\times10^{-13}$，$K_{sp}^{\ominus}(CdS)=8.0\times10^{-27}$]

$$Q=c(Cd^{2+})c(S^{2-}) \quad \text{?} \quad K_{sp}^{\ominus}(CdS)$$

0.1mol/L　　$$[S^{2-}]=\frac{c(H_2S)}{[H^+]^2}\times K_{a1}^{\ominus}K_{a2}^{\ominus}$$

室温下通入 H_2S 至饱和时，$c(H_2S)=0.1$mol/L

$$[S^{2-}]=\frac{c(H_2S)}{[H^+]^2}\times K_{a1}^{\ominus}K_{a2}^{\ominus}$$

$$=\frac{0.1}{(0.3)^2}\times1.07\times10^{-7}\times1.26\times10^{-13}=1.5\times10^{-20}$$

$$Q=c(Cd^{2+})c(S^{2-})=0.1\times1.5\times10^{-20}=1.5\times10^{-21}$$

$$Q>K_{sp}^{\ominus} \quad\quad \text{故有 CdS 沉淀生成}$$

图 13-6　CdS 沉淀的生成

4. 拓展内容

结合参考文献（*Chem. Commun.*，2018，54：9345-9348.）引导学生理解沉淀生成与溶度积常数之间的关系。

（六）课外思考题

氢氧化物沉淀与硫化物沉淀在生成条件和反应机制上有什么区别？

（七）教学策略

1. 可视化教学：利用多媒体工具（如 3D 模型、动画等）帮助学生直观理解沉淀生成的过程。

2. 科教融汇：通过量子点表面沉积金属硫化物的实例，理论联系实际，引导学生深入理解溶度积常数与沉淀稳定性的关系。

3. 情境教学：以 2023 年诺贝尔化学奖为切入点，引导学生了解现实世界的科技突破，激发他们对基础化学的学习兴趣，强调基础研究的重要性。

（八）教学效果分析

1. 知识与技能：掌握溶度积常数、溶解度及两者之间的换算方法，掌握溶度积规则及其应用。通过结合溶度积规则等基础概念，学生对硫化物沉淀的生成条件有了系统的认识，尤其是在特定离子浓度和溶液 pH 值等因素影响下的沉淀形成过程。

2. 过程与方法：通过分组讨论、问题引导和案例分析，学生能够主动参与学习过程，提升了他们的自主探究能力。在讨论环节中，学生不仅能应用所学理论，还能通过交流和合作，进一步深化对硫化物生成及其影响因素的理解。

3. 情感态度与价值观：通过将"溶度积规则"与无机化学前沿研究领域"量子点"相结合，引导学生将基础知识应用于探究实际科学问题，不仅激发了他们的学习热情，还引发了他们对人生的深刻思考。这种教学方式培养了学生对学科和专业的热爱，增强了他们对微观世界的理解能力，以及勇于探索未知的科学精神。同时，使学生深刻领悟到，高科技产业的每一点进步都极其不易，而其核心在于扎实的基础研究。唯有坚持，才能在风口散去、追风者离去之后，发现并抓住更多的发展机遇。

绿水青山就是金山银山

——从沉淀转化看绿色环保的科学路径

李志春

◐ **教学内容** 沉淀转化

◐ **课程性质** 专业基础必修课程

◐ **专　　业** 化学、化工及材料、药学等近源专业

◐ **授课对象** 大学一年级学生

◐ **本节内容思政元素融入简表**

章节	知识点	德育目标及德融教学概述	实现形式
第5章 第3节	沉淀转化	溶度积常数→平衡常数→联系硫化物在重金属水污染治理中的应用,激发学习兴趣,坚定学生对于学习化学在治污工作中能够发挥重要作用的信念	混合课堂☑ 思维导图☑

◐ **本节内容蕴含的思政元素分析**

随着工业化进程的推进,采矿、冶金、染料、玻璃、蓄电池等工业废水的随意排放导致大量的重金属进入水体环境。重金属污染物无法被生物降解和破坏,且随食物链富集对人类健康带来了极大危害。因此,采取有效措施高效处理重金属污染废水成为亟待解决的问题。

含重金属废水的治理包括吸附、絮凝、膜分离和化学沉淀等多种技术,其中吸附法因其操作简便、成本低等优势而展现出良好的应用潜力。而吸附法的关键在于高效吸附剂的选择和制备。众多研究表明,纳米铁硫化物包括 FeS、FeS_2 和 Fe_3S_4(图14-1),对二价重金属阳离子[$Pb(II)$、$Hg(II)$、$Cu(II)$、$Cd(II)$ 等]具有良好的吸附性能。其中纳米 Fe_3S_4 具有磁性特征,利用 Fe_3S_4 对重金属的亲和力及其磁性特征作为重金属废水净化材料具有良好的应用潜力。

在讲授教学内容"沉淀转化"时,以"绿水青山就是金山银山"为切入点,

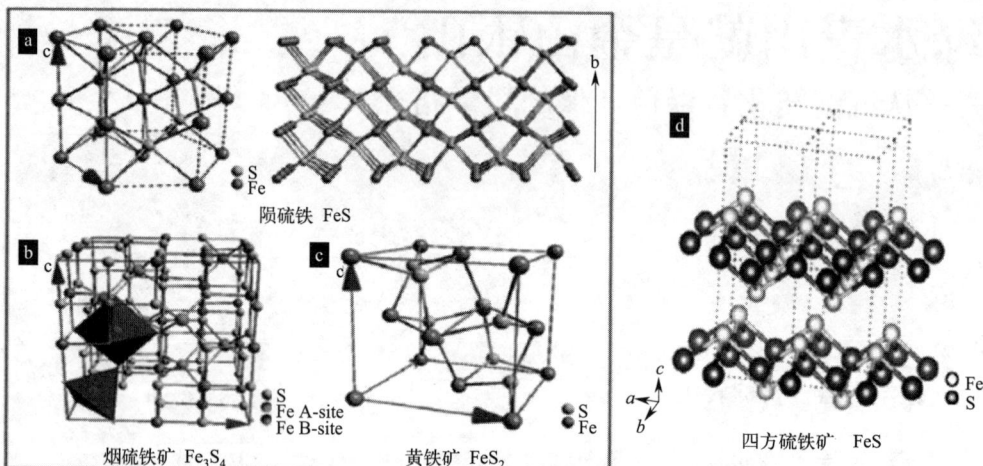

图 14-1　纳米铁硫化物的晶体结构

围绕"硫化物在重金属水污染治理中的应用"这一问题开展教学。引导学生从化学在环境治理过程中占有重要地位的角度进行分析，让学生充分认识到"生活中化学无处不在，社会发展中化学无处不在"。然后将事例升华，提升化学在实现"绿水青山就是金山银山"愿景中的作用。同时向学生讲授"绿水青山就是金山银山"的故事，使学生认识到学习化学在治污工作中能够发挥重要作用，增强学生环境治理的信念。

教案设计

一、教学目标

（一）知识目标

1. 理解沉淀的转化过程及其原理。
2. 掌握沉淀转化在实际应用中的意义。

（二）能力目标

1. 能够设计并完成沉淀转化实验，掌握实验中的关键操作，如控制条件以优化沉淀的转化。
2. 能够对实验结果进行科学分析，并合理解释沉淀转化中的变化和现象。

（三）价值目标

1. 激发学生学习化学的兴趣，增强学生的环保意识，培养学生辩证认识问题的能力，提高学生的生态文明意识。

2. 强化学生的创新精神，引导他们在沉淀转化过程中探索新方法和新思路，解决实验中的挑战。

二、教学内容分析

（一）教学内容

1. 沉淀转化的基本概念。
2. 沉淀转化过程的溶度积常数计算。
3. 磁性纳米铁硫化物对二价重金属阳离子的吸附性能研究。

（二）教学重点

1. 沉淀转化的基本概念。
2. 沉淀转化过程的溶度积常数的计算。

（三）教学难点

1. 溶度积常数的计算及其应用。
2. 磁性纳米铁硫化物的吸附机理。

（四）教学设计

课堂环节	时间	教师活动	学生活动	教材教具
导入/暖身 bridge-in	5分钟	以水中重金属污染物为例，介绍铁硫化物的吸附能力	观看PPT，倾听、思考、讨论、师生交流	电脑、投影仪、翻页笔
学习目标 objectives	2分钟	由铁硫化物引出解决问题的新理论——沉淀转化，并道出这节课的学习目标	倾听、思考	电脑、投影仪、翻页笔
参与式学习 participatory learning	10分钟	引导学生思考、倾听学生发言，教师总结；对知识点进行逻辑梳理，引出沉淀转化的概念	随机点名，请两位学生讲授对沉淀转化的理解	电脑、投影仪、翻页笔
	12分钟	讲授例题，引导学生总结影响沉淀转化的因素，教师总结规律	自由发言，学生总结	电脑、投影仪、翻页笔

续表

课堂环节	时间	教师活动	学生活动	教材教具
参与式学习 participatory learning	10分钟	倾听、评价、总结	课堂练习,学生讲解例题	电脑、投影仪、翻页笔
	4分钟	知识拓展——磁性纳米铁硫化物(FeS 和 FeS$_2$)对二价重金属阳离子 Pb(Ⅱ)、Hg(Ⅱ)、Cu(Ⅱ)、Cd(Ⅱ)的吸附性能研究	倾听、思考、讨论	电脑、投影仪、翻页笔
课堂小结 summary	2分钟	总结课程内容:化学是解决重金属污染等实际问题的重要手段,在社会可持续发展中发挥巨大作用	思考、倾听	电脑、投影仪、翻页笔

（五）教学过程

1. 导入

金属硫化物纳米材料富含硫的本征特性促使其对路易斯软酸重金属离子［Cd(Ⅱ)、Hg(Ⅱ)、Pb(Ⅱ)等］具有高度亲和性和选择性,因而可实现对废水中重金属离子的高效选择性吸附。常见的金属硫化物纳米吸附材料包括铁硫化物、硫化锌、多金属硫化物等。特别是 Fe$_3$S$_4$ 纳米吸附剂,结合了对重金属的亲和力以及磁性特征,对水中 Pb(Ⅱ) 表现出优异的吸附性能。以此为背景讲述沉淀的转化(conversion of precipitation)。

2. 沉淀转化

联系生活实际介绍"沉淀转化"的内容(图 14-2)。锅炉中的水垢含有一种物质 CaSO$_4$,它既不溶于水,也不溶于酸,很难除掉,怎么办?可以加入碳酸钠溶液,这时,硫酸钙会转化成质地疏松、易溶于酸的碳酸钙,就能清除掉锅垢了。这个转化过程的完全程度可以通过平衡常数来衡量。代入数据计算出这个转化过程的平衡常数是 $3.3×10^3$,转化常数非常大。这说明沉淀转化的倾向非常大。

沉淀转化反应的方向由平衡常数与反应商两个因素决定。平衡常数取决于两个沉淀物的溶度积常数(只有同类型的沉淀才取决于溶度积常数)。沉淀转化一般由溶解度较大的难溶电解质转化为溶解度较小的难溶电解质。需要注意的是,当两沉淀的溶解度相差不大时,离子浓度决定的反应商会影响沉淀转化的方向。沉淀剂的浓度越大,越利于生成它的沉淀。

学生讲解：

结合沉淀转化规则，进行相关的计算：在 $1L\ Na_2CO_3$ 溶液中溶解 $0.010mol$ 的 $SrSO_4$，求 Na_2CO_3 的最初浓度最低应为多少？

沉淀转化：　由一种沉淀转变为另外一种沉淀的过程

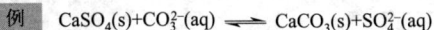

例　$CaSO_4(s) + CO_3^{2-}(aq) \rightleftharpoons CaCO_3(s) + SO_4^{2-}(aq)$

$$K^{\ominus} = \frac{[SO_4^{2-}]}{[CO_3^{2-}]} \times \frac{[Ca^{2+}]}{[Ca^{2+}]} = \frac{K_{sp}^{\ominus}(CaSO_4)}{K_{sp}^{\ominus}(CaCO_3)} = \frac{9.1 \times 10^{-6}}{2.8 \times 10^{-9}} = 3.3 \times 10^3$$

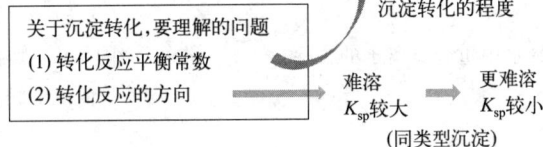

沉淀转化的程度

关于沉淀转化，要理解的问题
(1) 转化反应平衡常数
(2) 转化反应的方向　　　　　难溶　→　更难溶
　　　　　　　　　　　　　　K_{sp} 较大　　K_{sp} 较小
　　　　　　　　　　　　　　（同类型沉淀）

图 14-2　沉淀的转化

3. 内容扩展

当前，针对含有重金属的废水的处理方法一般为添加活性炭将重金属吸附，或者投加硫化物与重金属反应生成毒性更低的重金属硫化物沉淀，再通过过滤等方法将其从污水中除去，或使用氢氧化钠、氢氧化钙以及氨基甲酸酯类聚合物与废水中的重金属生成难溶性的盐或配合物，进而达到除去重金属的目的。然而，这些吸附剂、化学试剂反应速率较慢，处理能力低，成本较高。同时，化学沉淀法产生的含重金属的沉淀物不稳定，可能会对被处理液造成二次污染；而常规吸附剂吸附处理废水后，通常还需要采用过滤、离心等手段，固液分离较为复杂。

问题1：硫化物去除重金属离子的优点和缺点是什么？

我们以磁性 Fe_3O_4 纳米颗粒为基础，在其表面进行硫化处理得到具有高吸附容量的离子交换纳米重金属去除吸附剂（铁硫化物）。使用时，将吸附剂直接浸入富含重金属离子的污染废水中，可以依赖溶度积常数大小的不同，通过沉淀转化将液相中的重金属离子吸附到吸附剂上（图14-3），并利用磁分离技术进行分离达到去除重金属的目的[1-2]（图14-4）。该吸附剂具有吸附容量大、吸附速率快和易回收的特点，适合于电镀、冶金、燃料、电池生产、制革及汽车制造等行业的废水重金属治理。

问题2：硫化物沉淀剂的粒径对去除重金属离子有什么影响？

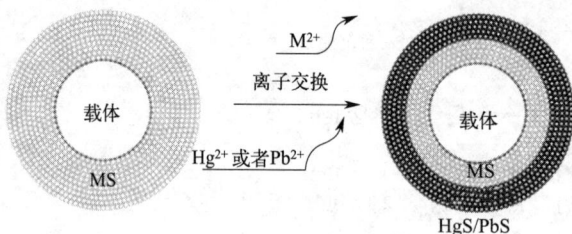

图 14-3　废水中重金属离子的去除　　　　图 14-4　铁硫化物对重金属离子
　　　　　　　　　　　　　　　　　　　　　　　的沉淀转化与磁性分离

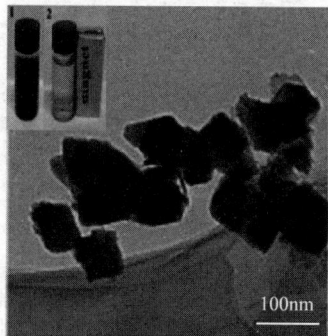

参考文献：

[1]　Qu Z, Yan L L, Li L, et al. Ultra effective ZnS nanocrystals sorbent for mercury(Ⅱ) removal based on size-dependent cation exchange[J]. ACS Applied Materials & Interfaces, 2014, 6: 18026-18032.

[2]　Kong L, Yan L L, Qu Z, et al. β-Cyclodextrin stabilized magnetic Fe$_3$S$_4$ nanoparticles for efficient removal of Pb(Ⅱ)[J]. Journal of Materials Chemistry A, 2017, 5: 19333-19342.

（六）课外思考题

1. 沉淀转化在环境治理中的应用有哪些？请列举几种常见污染物的处理方法，并分析其中的化学原理。

2. 磁性纳米材料在沉淀转化中的应用有哪些优势？请结合纳米铁硫化物吸附重金属离子的案例，探讨纳米材料在污染物去除中的未来发展前景。

（七）教学策略

1. 情境教学：设计沉淀转化的真实情境，如重金属污染治理或水处理过程，让学生在具体情境中运用所学知识，思考如何控制沉淀生成和实现沉淀转化。

2. 翻转课堂：学生提前通过自学文献材料了解沉淀转化的相关应用，课堂上进行更深层次的互动讨论和问题解决。

（八）教学效果分析

1. 知识与技能：学生能够准确理解沉淀转化的基本概念，能够掌握沉淀转化中溶度积常数的计算方法，并能在具体实验和分析中合理应用这些计算，判断沉淀生成或转化的条件。

2. 过程与方法：在沉淀转化的学习过程中，学生从生活、生产案例出发通过分析影响沉淀转化的因素，逐步提升解决复杂问题的能力。

3. 情感态度与价值观：结合沉淀转化在环境治理中的实际应用，特别是磁性纳米材料在重金属污染治理中的作用，学生认识到化学在解决环境问题中的潜力，培养了未来科学研究中的创新意识，树立服务社会、保护环境的责任感。

以氧化还原反应为基石，走科技创新之路，谋社会持续发展

——以氧化还原反应概念，原电池的结构、原理及设计教学为例

马晓

⬇ **教学内容**　氧化还原反应概念，原电池的结构、原理及设计

⬇ **课程性质**　专业基础必修课程

⬇ **专　　业**　化学、化工及材料、药学等近源专业

⬇ **授课对象**　大学一年级学生

⬇ **本节内容思政元素融入简表**

章节	知识点	德育目标及德融教学概述	实现形式
第6章 第1节 第2节 第3节	氧化还原反应的概念，原电池的结构、原理及设计	以氧化还原反应为基础→科技创新,开发实用性电池→激发学习兴趣,培养科学精神,追求科技持续创新,实现社会可持续发展,激发服务国家与社会、造福人类的崇高使命感 电池材料、燃料电池→常州新能源之都的发展→对国家战略的理解和认同	探讨研究☑ 联系实际☑

⬇ **本节内容蕴含的思政元素分析**

　　氧化还原反应是四大化学反应中极其重要的一类，它不仅在物质生产中扮演着关键角色，还与生物体的产生、发展和衰亡密切相关。掌握氧化还原反应的基本概念，并将其应用于新型实用电池的开发，不仅具有深远的科学意义，还能够为生活和社会带来实际的服务与贡献。我国力争在2030年前实现碳达峰、2060年前实现碳中和，这一重大战略决策是党中央经过深思熟虑作出的，不仅是对国际社会的庄严承诺，更是推动高质量发展的内在需求。电化学的诸多应用与实现碳达峰和碳中和的伟大目标息息相关。

　　结合本节课，引导学生对氧化还原反应现象、本质的思考，使学生深刻理解氧化
还原反应的基本特征。以氧化还原反应为基石，进行科技创新，培养学生将科学技术
转化与应用的思维，让学生认识到科学技术就是生产力，科技创新是社会持续发展的
原动力。当前广泛使用的电池技术，并不是一蹴而就的，而是广大科技工作者持续探
索奋斗的产物。据此，以电池技术发展为背景，介绍科学家的探索历程，培养学生坚
持不懈的学习与探索精神，以及严谨、合作的科学精神。如何设计原电池？探讨一次
性电池（原电池）的结构与设计，并与可充电的二次电池进行比较，深入理解科技创
新在电池技术中的重要性。通过持续开发高性能的可充电电池，满足绿色能源和环保
需求，助力实现"碳中和"目标，最终推动社会可持续发展。借此，帮助学生加深对
可持续发展理念的理解，激发他们服务国家和社会、造福人类的崇高使命感。

　　另外，在课堂教学中可以结合常州作为新能源之都的特色，介绍常州在电池材料、
燃料电池等新能源技术领域的创新，强调氧化还原反应在储能设备中的关键作用，讨
论常州新能源产业在实现降碳目标中的重要贡献，增强学生对国家战略的理解和认同。
通过讲述新能源产业带动常州城市经济转型，促进区域经济发展，引导学生理解科技
进步对地方经济和国家发展的促进作用，增强学生的爱国情怀。

⊃　教案设计

一、教学目标

（一）知识目标

　　1. 掌握氧化还原反应的基本概念，能够熟练使用离子电子转移法配平化
学方程式。

　　2. 理解原电池的结构与工作原理，掌握其中的核心科学知识。

　　3. 通过氧化还原反应的应用，了解原电池的设计原理。

（二）能力目标

　　1. 能够运用氧化还原反应的理论，设计并构建简单的原电池系统。

　　2. 提升学生分析与解决问题的综合能力，特别是在电池设计与实际应
用中的创新思维。

（三）价值目标

　　1. 激发创新与科学精神：基于氧化还原反应及电池技术的发展，培养学生将
科学技术转化为推动社会进步的生产力的思维，增强其科技创新意识。同时，通过

介绍科学家的探索历程，培养学生严谨、合作、坚持不懈的科学精神。

2. 贯彻可持续发展理念：以国家"绿色能源"和"碳中和"目标为导向，引导学生认识科技创新在社会可持续发展中的关键作用，激发服务国家、造福人类的使命感。

二、教学内容分析

（一）教学内容

1. 氧化还原反应的基本概念。
2. 氧化还原反应的配平（离子电子转移法）。
3. 原电池的结构及原理。
4. 基于氧化还原反应，设计原电池。

（二）教学重点

1. 氧化还原反应的基本概念：重点讨论氧化反应、还原反应、氧化剂、还原剂、电对的概念。
2. 离子电子法配平氧化还原反应方程式。
3. 原电池的结构及原理：重点介绍原电池的组成部分，主要包括正极、负极、盐桥，涉及还原反应、氧化反应。
4. 原电池设计：以特定的氧化还原反应设计原电池。

（三）教学难点

1. 原电池的结构及原理。
2. 基于氧化还原反应，设计原电池。
3. 原电池理论与实际应用的结合。

（四）教学设计

课堂环节	时间	教师活动	学生活动	教材教具
导入/暖身 bridge-in	4分钟	讨论生活中氧化还原反应相关应用实例，认识科技创新在实际生活中的重要性，激发学习兴趣与探索热情	观看 PPT，学生对桥梁、船腐蚀生锈等现象，以及南孚电池、笔记本电脑、新能源汽车等电池系统涉及的原理讨论发言	电脑、投影仪、翻页笔

续表

课堂环节	时间	教师活动	学生活动	教材教具
参与式学习 participatory learning	6分钟	以锌置换铜氧化还原反应为例,探讨氧化还原反应的基本概念:氧化反应、还原反应、氧化剂、还原剂、电对	倾听、思考、师生交流	电脑、投影仪、翻页笔
	5分钟	讨论氧化还原反应配平方法	倾听、思考、练习	电脑、投影仪、翻页笔
	8分钟	以实验装置为研究对象,引出铜-锌原电池(即丹尼尔电池),并引导学生思考,探讨相关实验装置的组成及用途。教师总结原电池的结构及原理	倾听、思考、交流、慕课堂练习	电脑、投影仪、翻页笔
	7分钟	师生探讨碱性南孚电池、电动车铅酸蓄电池、笔记本电脑电池、新能源汽车锂电池的差异(从组成、基本性能特征比较),引导学生更加深刻地理解可持续发展理念	参与交流、倾听、思考	电脑、投影仪、翻页笔
	8分钟	进一步引导学生思考,如何基于更多其他氧化还原反应,设计原电池。举例讨论	倾听、思考、交流	手机、电脑、投影仪、翻页笔
	2分钟	简单介绍锂离子电池技术的发展和锂离子电池技术开创者之一 John Goodenough 老先生的故事(2019 年诺贝尔化学奖获得者)。以故事为载体,培养学生坚持不懈、严谨的科学态度、创新精神与合作精神	倾听、思考	电脑、投影仪、翻页笔
	2分钟	简单介绍我国宁德时代的发展,强调科技创新,服务国家与社会的责任与使命感,增强民族自信心、荣誉感	倾听、思考	电脑、投影仪、翻页笔
	1分钟	启发学生思考创新的可能性,探索构建可循环使用的可充电锌电池的可行性	倾听、思考、交流	电脑、投影仪、翻页笔
课堂小结 summary	2分钟	总结本节课程内容,以氧化还原反应为基石,走科技创新之路,谋社会持续发展。调研思考未来能源电池的方向	思考、讨论、课后交流	电脑、投影仪、翻页笔

（五）教学过程

1. 导入

展示生活中有关氧化还原反应现象的实际例子，如桥梁、船腐蚀生锈等，引导学生思考、讨论相关现象的内在本质，提出有关氧化还原反应的相关概念。

（课程思政　进一步讨论以氧化还原反应为基础进行科技创新的例子，比如构筑实用电池——南孚电池、笔记本电脑的电池、新能源汽车电池等，造福社会与人类，以此强调科技创新的重要意义，激发学生学习兴趣。）

2. 离子电子法

以酸性溶液中高锰酸钾与亚硫酸钾的反应为例，师生讨论离子电子法配平氧化还原反应的步骤。第一步要写出氧化还原反应未配平的离子反应式。第二步将总反应式分解为两个半反应方程式。第三步分别配平两个半反应。第四步根据"氧化剂得电子总和等于还原剂失电子总和"的原则，在两个半反应前面乘以适当的系数相加并化简。第五步检查方程式两边是否质量平衡及电荷平衡，然后将离子反应式改写为分子反应式，将箭头改为等号。

$$2KMnO_4 + 5K_2SO_3 + 3H_2SO_4 \Longrightarrow 2MnSO_4 + 6K_2SO_4 + 3H_2O$$

师生共同总结在离子电子法配平过程中存在的关键点：第一要根据反应物质的存在形式判断离子反应是在酸性条件还是碱性条件下进行；第二要正确添加介质。在酸性介质中，半反应两边哪边氧原子多，就在这一边添加 H^+，另一边添加 H_2O；在碱性介质中，半反应两边哪边氧原子多，就在这一边添加 H_2O；另一边添加 OH^-；在同一半反应中，不可能同时出现 H^+ 和 OH^-。

3. 原电池的结构及原理

在前述背景讨论的基础上，进一步强调掌握氧化还原理论知识的必要性与实际应用价值。以经典的锌置换铜氧化还原反应为例学习氧化还原反应相关的基本概念：氧化反应、还原反应、氧化剂、还原剂、电对，再进一步扩展讨论氧化还原反应的配平方法。

以实验装置铜-锌原电池为研究对象（图 15-1），在一个容器中，混合的金属锌和铜离子产生电子转移，发生氧化还原反应。那放在两个不同容器的金属锌与铜离子能否发生反应呢？实验发现，当无盐桥时未能观察任何反应现象；而当引入盐桥后，铜片表面有新沉积的红棕色铜，锌片表面有微孔出现，表明用盐桥连通后两个不同容器发生了氧化还原反应。此外，还能观察到装置中电压表有读数显示，表明该闭合的回路系统存在电流，进一步证实电子转移的发

生。通过问题启发，引出原电池装置。并引导学生思考，原电池装置与通常所
讨论的氧化还原反应体系之间的差异，进一步了解并总结原电池装置的组成、
特点及原理。

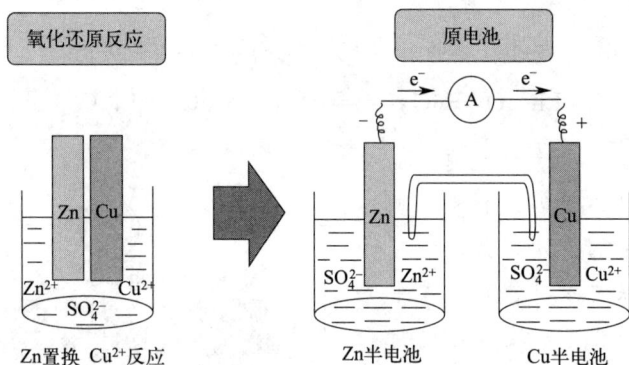

图 15-1　氧化还原反应与铜-锌原电池的差异

　　[课程思政　通过比较不同类型电池(碱性电池、铅酸蓄电池、锂电池等)
的组成与性能特征，引导学生认识基于不同氧化还原反应的电池设计如何满足
社会需求，推动绿色能源发展，培养学生将基础知识转化为实际应用的创新思
维，增强他们解决实际问题的能力。]

　　4. 基于氧化还原反应，设计原电池

　　引导学生思考，如何基于更多其他氧化还原反应，设计原电池。举例
讨论。

　　(1) 探讨一次电池

　　a. 燃料电池：　　　　$2H_2(g) + O_2(g) \Longrightarrow 2H_2O(l)$

　　　正极反应：$O_2(g) + 2H_2O(l) + 4e^- \longrightarrow 4OH^-(aq)$

　　　负极反应：$2H_2(g) + 4OH^-(aq) \longrightarrow 4H_2O(l) + 4e^-$

　　　　总反应：　　　$2H_2(g) + O_2(g) \longrightarrow 2H_2O(l)$

　　b. 碱性锌锰电池，属于一次电池：$(-)Zn|KOH(饱和\ ZnO)|MnO_2(+)$

　　　负极反应：　　$Zn + 2OH^- \Longrightarrow ZnO + H_2O + 2e^-$

　　　正极反应：$2MnO_2 + 2H_2O + 2e^- \Longrightarrow 2MnOOH + 2OH^-$

　　　电池反应：$Zn + 2MnO_2 + H_2O \Longrightarrow ZnO + 2MnOOH$

　　(2) 探讨二次电池

　　铜-锌原电池可循环使用吗？它是一次电池，不可逆。能否实现电池重复

利用（即二次电池），满足绿色能源可持续发展的要求？

a. 铅酸蓄电池反应：

$$Pb(s)+PbO_2(s)+4H^+(aq)+2SO_4^{2-}(aq) \rightleftharpoons 2PbSO_4(s)+2H_2O(l)$$

介绍早期基于氧化还原反应，实现科学技术转化应用的例子。

b. 科技创新，应用于实际，介绍锂离子电池反应（图 15-2）：

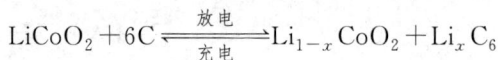

$$LiCoO_2+6C \underset{充电}{\overset{放电}{\rightleftharpoons}} Li_{1-x}CoO_2+Li_xC_6$$

（课程思政　以氧化还原反应为基石，通过不断创新材料，构筑可循环使用的二次电池，满足绿色能源环保要求，达到"碳中和"的目标，最终实现社会可持续发展；介绍锂离子电池技术的发展历程，并通过讲述其开创者之一——2019 年诺贝尔化学奖获得者 John Goodenough 的故事，培养学生坚持不懈、严谨治学的科学态度，激发他们的创新精神与合作意识；简要介绍宁德时代

图 15-2　锂离子电池工作原理示意图

的发展历程，由曾毓群先生创立，专注于新能源汽车动力电池和储能系统的研发。2017 年，该公司动力锂电池出货量全球领先，并成功进入国际顶尖车企供应链。通过这一实例，强调科技创新的重要性，培养学生服务国家与社会的责任感和使命感。）

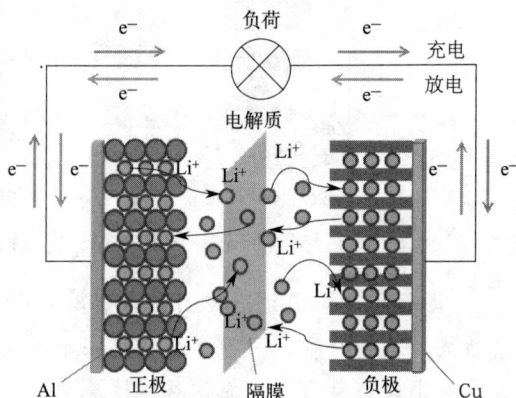

（六）课外思考题

1. 原电池理论与实际应用的结合：调研思考未来能源电池的发展方向。

2. 请结合氧化还原反应相关内容，思考电化学的哪些应用与实现"碳达峰""碳中和"的伟大目标密切相关。

（七）教学策略

1. 可视化教学：利用多媒体工具帮助学生直观理解原电池反应中的电子运动。

2. 案例教学：通过生活中实际使用的电池案例，逐步引导学生理解氧化还原反应的概念，原电池的结构与原理。

3. 启发式教学：通过启发式教学，引导学生从实验装置中总结出原电池的组成、特点及其工作原理，进一步理解原电池装置与传统氧化还原反应体系之间的差异。

（八）教学效果分析

1. 知识与技能：在了解氧化还原反应基本概念的基础上，理解原电池的结构与原理，且基于氧化还原反应，设计原电池或二次电池。

2. 过程与方法：从实际现象与问题导入氧化还原反应的概念，启发学生思考。结合社会发展需求，激励学生探讨，深刻理解电池设计原理，探讨科技发展趋势，思索电池前沿问题。

3. 情感态度与价值观：将"思政元素"与以氧化还原为基础的电池应用有机融合，强调科技创新的重要意义，激发学生学习兴趣，使学生更深刻领悟创新的价值，深刻理解可持续发展观的理念。

在误差中追求真实，走向精准之路
——以定量分析中的误差教学为例

贾倩

○ **教学内容** 定量分析中的误差

○ **课程性质** 专业基础必修课程

○ **专 业** 化学、化工及材料、药学等近源专业

○ **授课对象** 大学一年级学生

○ **本节内容思政元素融入简表**

章节	知识点	德育目标及德融教学概述	实现形式
第 3 章 第 2 节	定量分析中的误差	误差的减免→在实验环节中培养学生严谨、认真负责、团结友善的工作态度→敬业精神、团队合作精神 可疑数据的取舍→引导学生具备诚信和实事求是的态度	混合课堂☑ 思维导图☑

○ **本节内容蕴含的思政元素分析**

定量分析中的误差是"定量分析概论"中的基础内容。定量分析的目的是通过一系列分析步骤准确测定被测组分的含量。然而，在实际测定过程中，即使采用最可靠的分析方法和最精密的仪器，并由技术熟练的人员进行多次分析，获得完全一致且绝对准确的测定结果依然是困难的。即使对标准试样进行测定，所得结果也可能与标准值存在偏差。因此，误差是测量中不可避免的一部分，引导学生在实验过程中有效减少误差便成为本节课的重点。

实验课程为学生提供了思想引导和行为规范教育的良好平台。在实验课堂中，学生需完成实验预习、实验操作、实验现象记录、数据分析及报告撰写等一系列环节。从课程伊始，就应引导学生树立诚信和实事求是的态度，培养良好的习惯。针对学生在实验过程中出现的问题，教师应及时进行引导。

在实际的实验操作中，学生常常需要对测定结果及其误差分布进行评价和处

理。这要求他们在记录和分析数据时保持严谨认真的工作态度。不同实验的分组安排会有所不同，但无论是单人组还是多人组，学生之间的互帮互助都是值得鼓励的。通过表扬优秀的学生，激励后进者，从而形成友好、团结、向上的学习氛围，同时也培养学生的敬业精神和团队合作能力。

➲ 教案设计

一、教学目标

（一）知识目标

1. 了解误差产生的原因及误差出现的规律。
2. 掌握测定结果的准确度。
3. 了解系统误差、偶然误差及减免的方法。
4. 会用 Q 检验法对可疑数据进行取舍。

（二）能力目标

1. 通过学习实验过程中误差产生的原因，能够在定量分析中判断误差的性质和来源，并能正确表征分析结果。
2. 通过对误差的学习，能够用误差来表示测定结果的准确度，并掌握如何提高分析结果的准确度。
3. 能够使用 Q 检验法对实验数据中的可疑数据进行取舍，并利用统计学方法对实验测定结果及其误差分布情况进行评价。

（三）价值目标

1. 建立诚信和实事求是的观念：通过学习误差的产生原因、减免误差的方法等，引导学生真实记录实验操作现象、数据等，不能为了获得较为理想的实验结果而修改真实数据，要做到诚信、实事求是。
2. 培养敬业和团队合作精神：借助"定量分析中的误差"教学内容，引导学生在实验操作时保持严谨、认真的工作态度，并能够互帮互助，增强他们的团队合作意识。

二、教学内容分析

（一）教学内容

1. 误差的分类。

2. 误差与准确度。

3. 测量误差的减免。

4. 过失误差的判断及可疑数据的取舍。

（二）教学重点

1. 误差的分类：重点介绍系统误差和偶然误差各自产生的原因。需要学生理解系统误差具有恒定性、单向性、重复性和可校正性；偶然误差具有不确定性和随机性。

2. 可疑数据的取舍：掌握 Q 检验法对可疑数据进行取舍。

（三）教学难点

1. 准确度的表示：需要依据例题讲解，绝对误差相等时，相对误差并不一定相等，这与被测定的质量有关。通常采用相对误差来表示测定结果的准确度。

2. 真实值：通过实际例子帮助学生理解真实值的概念。

3. 测量误差的减免：系统误差的消除通常是分析其来源，再对结果进行校正；而偶然误差不能消除，只能通过增加平行测定次数，减小其对分析结果的影响。

（四）教学设计

课堂环节	时间	教师活动	学生活动	教材教具
导入/暖身 bridge-in	2分钟	教师联系实际实验中的误差，引导学生思考"为什么会产生误差以及如何减免误差"	观看PPT、倾听、思考、讨论、师生交流	手机、电脑、投影仪、翻页笔
学习目标 objectives	1分钟	引出本节课教学目标	倾听	电脑、投影仪、翻页笔
参与式学习 participatory learning	10分钟	讲授：误差的分类；学生判断：实际实验中不同情况会引起什么误差？	倾听、思考、讨论、慕课堂习题	电脑、手机、投影仪、翻页笔
	5分钟	思考：系统误差和偶然误差各自的特点	思考、交流	电脑、手机、投影仪、翻页笔
	3分钟	讲授：误差与准确度	倾听、思考	电脑、投影仪、翻页笔
	4分钟	讨论：用相对误差还是绝对误差表示准确度更为确切？通过习题得出结论	慕课堂练习、学生分析讲解	电脑、手机、投影仪、翻页笔

续表

课堂环节	时间	教师活动	学生活动	教材教具
参与式学习 participatory learning	8分钟	讲授:测量误差的减免(结合实验实例进行讲解)	倾听、交流	电脑、投影仪、翻页笔
	5分钟	讲授:过失误差的判断、可疑数据的取舍	倾听、思考	电脑、投影仪、翻页笔
	5分钟	练习:通过习题进行巩固对测定结果及其误差分布情况的评价处理	倾听、思考、讨论	电脑、投影仪、翻页笔
课堂小结 summary	2分钟	总结本节课程内容,布置课后讨论与作业	思考、讨论、理解	电脑、投影仪、翻页笔

（五）教学过程

1. 导入

《礼记·经解》中提到:"差若毫厘,缪以千里。"这句话同样适用于实验结果的分析。任何测量都伴随着误差,那么如何在实验过程中尽可能减少误差,提高实验结果的准确性呢?为此,我们需要深入了解误差产生的原因及其特点,探讨误差与准确度之间的关系,以及如何有效减小误差,从而提高实验结果的可靠性。

2. 误差的分类

实验误差是测定结果与真实结果之间的差值。在定量分析中,对于各种原因导致的误差,根据其性质和来源的不同可以分为系统误差、偶然误差和过失误差(图 16-1)。

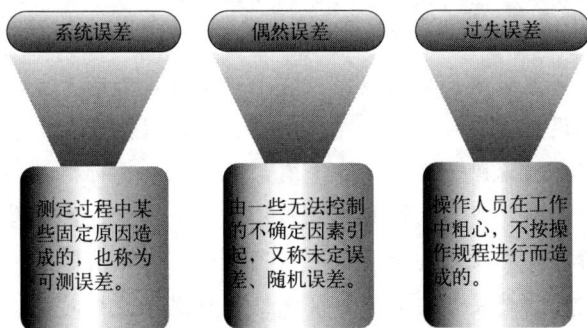

图 16-1　误差的分类

（1）系统误差

系统误差是由某种固定原因造成的。它对分析结果的影响比较固定,具有重复性、单向性，其大小、正负在理论上是可以测定的，所以又称为可测误差。根据系统误差产生的原因，可将其分为以下几类。

方法误差：由分析方法本身造成的。例如，在重量分析中，沉淀的溶解、共沉淀、灼烧时沉淀的分解或挥发等产生的误差；在滴定分析中，反应进行不完全、干扰离子的影响、化学计量点和滴定终点不符合及发生副反应等，会导致测定结果偏高或偏低。

仪器误差：来源于仪器本身不够精确。如砝码的锈蚀或磨损、容量器皿的刻度和仪器刻度不准确等。

试剂误差：来源于试剂不纯。例如，试剂和蒸馏水中含有被测物质或干扰物质，使分析结果偏高或偏低。

操作误差：由分析人员所掌握的操作方法与正确的操作方法有差别引起的。例如，分析人员在称取试样时不规范导致试样吸湿，洗涤沉淀时洗涤过分或洗涤不充分，灼烧沉淀时温度过高或过低，称量沉淀时坩埚及沉淀没完全冷却等。

主观误差：又称个人误差。这种误差是由分析人员本身的一些主观原因造成的。例如，分析人员在辨别滴定终点的颜色时，有时偏深，有时偏浅；在读取刻度值时，有时偏高，有时偏低。在实际工作中，有的人还有"先入为主"的习惯，即在得到第一个测定值后，再读录第二个测量值时，主观上尽量使其与第一个测定值相符合，这样也容易引起主观误差。主观误差有时被列入操作误差中。

(2) 偶然误差

偶然误差是由一些随机的偶然原因造成的，又称随机误差。例如，测量时环境的温度、湿度和气压的微小波动等，仪器性能的微小变化，分析人员对各试样处理的微小差别等。这些不可避免的偶然原因，都将使分析结果在一定范围内波动，引起偶然误差。偶然误差具有不确定性，有时大有时小，有时正有时负，所以偶然误差是不可测的。在分析操作中，偶然误差是不可避免的，不能通过校正而减小或消除。例如，一个有经验的人，进行很仔细的操作，对同一试样进行多次分析，得到的分析结果却不能完全一致，而是有高有低。

从表面上看，偶然误差的出现似乎很不规律。但在消除系统误差后，经多次测定，便可发现偶然误差的分布符合正态分布规律：绝对值相等的正误差和负误差出现的概率相同；绝对值小的误差出现的概率大，绝对值大的误差出现的概率小，绝对值很大的误差出现的概率非常小。

由偶然误差的性质可知，随着测定次数的增加，偶然误差的算术平均值将逐渐接近于零。因此，多次测定结果的平均值更接近于真值。

（3）过失误差

过失误差是指分析人员工作中的差错，主要是由于分析人员的粗心或不按规则操作等原因造成的。例如，读错刻度、记录和计算错误及加错试剂等。在分析工作中，当出现很大误差时，应分析其原因，如确是过失所引起，则该数据值应在计算平均值时舍去。

（课程思政　实际的实验操作包括实验预习、实验操作、实验数据记录与分析以及实验报告的撰写等流程。为了得到可靠的实验结果，这就要求学生按照实验要求认真、规范地完成每一步，并在实验操作时能够互帮互助，避免由粗心或者不按规则操作等引起的过失误差。这样一个学期下来，学生在整套的实验流程中就能够建立认真负责和团队合作的良好意识。）

3. 误差与准确度

误差是指测定值(x)与真实值(μ)之间的差值。

真实值为某物理量本身客观存在的真实数值。一般来说，真实值是未知的，但是下列情况的真实值可以认为是已知的。① 纯物质的理论值，如纯$NaCl$中Cl的理论含量；② 计量学约定的真实值，如国际计量大会上确定的长度、质量、物质的量单位等；③ 相对真值，有经验的人用可靠的方法多次测定的平均值，并确认已消除了系统误差。

实验结果的准确度是指测定值(x)与真实值(μ)之间的接近程度。因此，误差越小，表示测定值与真实值越接近，准确度越高（图16-2）；反之，误差越大，准确度越低。当测定值大于真实值时，误差为正值，表示测定结果偏高；反之，误差为负值，表示测定结果偏低。

1. 误差　　$E = x - \mu$

2. 准确度　　测定值(x)与真实值(μ)之间的接近程度

3. 误差的表示 $\begin{cases} \text{绝对误差}: E_a = x - \mu \\ \text{相对误差}: E_r(\%) = \dfrac{E_a}{\mu} \times 100\% \end{cases}$

✓ 有大小，有正负；

✓ $E_a > 0$，$x > \mu$；$E_a < 0$，$x < \mu$；

✓ $|E_a|$或$|E_r|$越小，测量的准确度越高；

✓ E_r表示准确度更确切

图16-2　误差与准确度

误差可用绝对误差和相对误差表示。绝对误差表示测定值与真实值之差。相对误差表示误差在真实值中所占的百分比。需要指出的是，即使绝对误差相等，相对误差也不一定相等。也就是说，同样的绝对误差，当被测定的质量较大时，相对误差就比较小，测定的准确度也就比较高。因此，用相对误差来表示测定结果的准确度更为确切。

4. 测量误差的减免

为了获得准确的分析结果，必须避免发生过失误差，消除系统误差，减少分析过程中的偶然误差。

（1）选择合适的分析方法

各种分析方法的准确度和灵敏度是不同的。例如，重量分析法和滴定分析法的灵敏度虽然不高，但对于高含量组分的测定，能获得比较准确的分析结果。对于低含量组分的测定，重量分析法和滴定分析法的灵敏度达不到，而一般仪器分析法的灵敏度较高，相对误差虽然较大，因允许有较大的相对误差，所以采用仪器分析法比较合适。

（2）减小测量误差

任何分析方法都离不开测量，只有减小测量误差，才能保证分析结果的准确度。在滴定分析中，重要步骤一般包含称量和滴定，这时就应该设法减小称量和滴定两个步骤引起的误差。一般的分析天平，以差减称量法进行称量，可能引起的最大绝对误差为 $\pm 0.0002g$，为了测量的相对误差小于 0.1%，试样质量必须在 $0.2g$ 以上。在滴定分析中，滴定管读数有 $\pm 0.01mL$ 的绝对误差。在一次滴定中，可能造成最大的绝对误差为 $\pm 0.02mL$，为了使量的相对误差小于 0.1%，则消耗滴定剂的体积应控制在 $20mL$ 以上。在实际操作中，消耗滴定剂的体积可控制在 $20 \sim 30mL$，这样既减小了测量误差，又节省了试剂和滴定时间。

（3）检查和消除系统误差

系统误差是由某些固定原因造成的，因此找出系统误差的来源就可消除系统误差。通常根据具体情况，可采用以下几种方法来检查和消除系统误差。

a. 做对照实验

做对照实验是检查是否存在系统误差的最有效方法。为了满足不同的需要，对照实验可分为标样对照、标准方法对照和回收实验。标样对照：用已知含量的标准试样（或配制的试样）按所选用的测定方法，以同样的条件、同样的试剂进行测定，得出校正数据或直接在实验中纠正可能引起的误差。标准方法对照：对于同一试样分别用待和标准方法（国家标准局颁布的标准方法或公认的经典分析方法）进行测定，由不同人、不同实验室进行对照实验，如果对试样的组成不完全清楚，则可以采用加入回收法进行实验。回收实验：在测定试样某组分含量的基础上，加入已知量的该组分，再次测定其组分含量，由回收实验所得数据计算回收率。由回收率的高低来判断是否存在系统误差。

b. 做空白实验

做空白实验是指在不加试样的情况下，按照试样测定步骤和分析条件进行分析实验，所得结果称为空白值。从试样的测定结果中扣除此空白值，就可以消除由试剂、蒸馏水及器皿等引入的杂质所造成的系统误差。

c. 校准仪器

仪器不准引起的系统误差可通过校准仪器来减小。例如，在精确的分析过程中，要对滴定管、移液管、容量瓶、砝码等进行校正，并在计算结果时扣除校正值。

d. 校正方法

某些分析方法的系统误差可用其他方法直接校正。选用公认的校准方法与采用的方法进行比较，从而确定校正系数，消除系统误差。例如，用电重量分析法测定纯度为 99.9% 以上的铜含量，因电解不完全而引起的系统误差，可用光度法测定溶液中未被电解的铜，将用光度法测得的结果加到电重量分析的结果中，即可得到铜含量的准确结果。

（4）减小偶然误差

在消除系统误差的前提下，可采用适当增加平行测定次数，取其平均值的方法，来减小偶然误差。一般化学分析中，对同一试样，通常平行测定 3~4 次，以获得较准确的分析结果。

5. 过失误差的判断、可疑数据的取舍

在实际工作中，常常要对测定结果及其误差分布情况利用统计学方法进行评价处理。在实验中得到一组数据后，往往有个别数据与其他数据相差较远，这一数据称为可疑数据，又称为异常值或极端值。可疑数据是保留还是舍去，应按一定的统计学方法进行处理。统计学处理可疑数据的方法有几种，重点介绍 Q 检验法。

（课程思政　并不是每一次实验都会获得理想的数据结果，因此，学生也不必过于追求数据的完美。切记不可为了人为提高数据的可靠性，而修改实验中得到的真实数据。对待实验结果，我们要做到诚信、实事求是。）

（六）课外思考题

结合实际实验中出现的误差，分析下列情况分别引起什么误差？如果是系统误差，应如何消除？

a. 读取分析天平数据时未关天平门；

b. 容量瓶和移液管不配套；

c. 读取滴定管读数时，最后一位数字估读不准；

d. 试剂或蒸馏水中含有微量的被测组分。

（七）教学策略

1. 引导式教学：采用"提出问题→思考问题→分析问题→解决问题"的教学思路，利用多媒体工具帮助学生直观了解实验中误差的来源，让学生对知识体系形成立体而系统的感知，在主动学习中加深对知识的理解和掌握；同时，也能够让学生感受到分析化学的魅力，使学习氛围更加轻松有趣。

2. 案例式学习：结合实际实验中的具体案例向学生们展示授课内容。基于学生已了解的相关误差知识，教师引导学生思考，引出新知识，逐步递进，加深学生对知识点的理解，进而引导学生利用所学知识分析实验中出现的关于误差的相关问题。授课过程中需注意与前期知识点的串联，教师引导学生回顾所学知识。

（八）教学效果分析

1. 知识与技能：掌握误差的分类、减免方法以及可疑数据的取舍，能够运用所学知识分析实验中不同情况引起的误差并给出减免方法，会使用统计学方法对测定结果及误差分布情况进行评价和处理。

2. 过程与方法：在授课时，首先结合实验中常见的误差来源引出误差分类的知识点；其次，通过介绍误差与准确度来引入如何减免误差；最后，通过对过失误差的判断、可疑数据的取舍帮助学生正确评价测定结果及误差分布，并布置课后思考题以激发学生深入思考。

3. 情感态度与价值观：借助"定量分析中的误差"教学内容，建立诚信和实事求是的观念，并通过要求实验结果的准确度培养学生认真负责、敬业和团队合作的精神。

后记

　　课程思政建设是中国高等教育体系改革的重要举措之一，其目的是通过在课程中有机融入思想政治教育，使知识传授与价值引领相结合，培养德才兼备的创新型人才。总书记习近平多次强调，各门课都要守好一段渠、种好责任田，使各类课程与思想政治理论课同向同行，形成协同效应。2017年2月，中共中央办公厅、国务院办公厅印发了《关于加强和改进新形势下高校思想政治工作的意见》。此文件明确指出，要将思想政治工作贯穿教育教学全过程，构建全员、全过程、全方位育人格局。2020年6月，教育部发布了《高等学校课程思政建设指导纲要》，这是对课程思政建设的进一步深化。文件提出将思想政治教育有机融入专业教育中，并要求每一门课程都应发挥其育人功能，帮助学生树立正确的世界观、人生观和价值观。

　　常州大学石油化工学院是学校成立最早的学院，学院开展深入的产学研合作，是具有鲜明行业特点和学科优势的教学研究型学院。现有化学工程与工艺、能源化学工程和应用化学3个本科专业。其中，化学工程与工艺是国家级一流本科专业建设点、国家一类特色专业、江苏省品牌专业；能源化学工程是国家级一流本科专业建设点；应用化学是江苏省品牌专业。学院拥有化学工程与技术、化学两个一级学科硕士点和材料与化工专业硕士学位点，其中化学工程与技术学科为江苏省优势学科，化学学科为江苏省"十四五"重点学科，进入全球 ESI 排名1.8‰。学院拥有国家级实验教学示范中心、国家级虚拟仿真实验教学中心、国家地方联合工程研究中心、省级协同创新中心、省级重点实验室、中国石化行业重点实验室等国家/省部级学科平台十余个。现有享受国务院政府特殊津贴专家3人、国家级人才9人、省部级人才计划入选者17人，全国高校黄大年式教师团队1个，省级优秀教学团队和科技创新团队共11个。

　　另外，学院党委以习近平新时代中国特色社会主义思想为指导，坚持立德树人根本任务，发挥基层党组织战斗堡垒作用，以党建引领师德师风建设，服务人才培养、学科建设、科学研究和社会服务，促进事业发展，获评全国党建工作样板支部、江苏省高校先进基层党组织、江苏省教育工作先进集体、江苏高校省级优秀基层教学组织、江苏省总工会"工人先锋号"、常州大学先进基层党组织等集体荣誉称号。多名教师获评全国石油和化工行业优秀科技工作者、江苏省普通本科院校榜样教务员、江苏省"五一巾帼标兵"、常州市十大青年科技新锐、常州市优秀共产党员、常州市"龙城十佳教授"等省市级荣誉称号。

　　要将学院的党建优势转化为强大的育人力量，关键在于高效推进课程思政建设，将思想与专业深度融合，方能铸就德才兼备、勇于担当、能够承载民族复兴伟大使命的栋梁之材。早在 2020 年，石油化工学院以"一流党建引领一流专业建设和一流人才培养"为根本目标，围绕课程育人和实践育人，根据学校、学院相关政策精神，结合学院工作实际，建立以各个教研室为主的课程思政团队，寻找切入点，统筹推进课程思政建设。

无机与分析化学教研室在学院党委的领导下，就课程思政建设在实践领域开展了积极的行动：根据 OBE 教学理念，结合学生需求、社会需要和学科知识三个维度确定课程目标，将思政元素融入"教学大纲"；围绕课程思政目标，挖掘选取贴近社会客观实际和学生思想实际的思政教学元素；开展教研室课程思政集体备课、演示观摩评价活动，积极引导广大教师特别是新入职教师和年轻教师更加精准地将思政元素有效融入课堂教学，发挥课程思政"如盐入水，润物无声"的育人作用，实现价值塑造、知识传授和能力培养的有机贯通。

不仅要做"经师"，更要成为"人师"。教师应努力成为具备理想信念、道德情操、扎实学识与仁爱之心的"四有"好老师。课程思政建设是一项永无止境的事业，而本书正是教研室全体教师共同参与、凝聚智慧的成果，记录了前期课程思政探索的宝贵历程。鉴于编者水平有限，诚挚欢迎大家批评指正，以进一步提升和完善本书内容。

黄薇

2024 年 10 月